J新書 24

最も使える3例文がスゴイ！

この84パターンで
世界中どこでも通じる
英会話
基本カンタン編

ジョセフ・ルリアス　　宮野 智靖
Joseph Ruelius　　　　Miyano Tomoyasu

Jリサーチ出版

はじめに

1ページやるごとに英会話力がグングンUP！

まず、読者のみなさんに質問をします。
海外留学をしなくても、また日本で英会話学校に通わなくても、英会話はマスターできるのでしょうか。

その答えは…**もちろんできます！** そして、本書はそのお手伝いをする画期的な英会話ルールブックです。私たち（日本人著者の宮野とアメリカ人著者のルリアス）は、長年大学で英語教育に従事し、英会話の授業も担当してきました。新入生のなかには、英会話に自信のない学生たちがたくさんいます。しかし、英語を話すために「最も重要なパターン」を教えることで、彼らは日に日に上達していきます。

ネイティブが選び抜いた頼れる84パターン！

英語を話すために「最も重要なパターン」とは、一体どのようなものなのでしょうか。私たちはそれを、**ネイティブの視点から見て、日常会話で最も用いられている英文パターン**と考えます。そして本書は、**英文の骨格＝文法の仕組み**を、**「パターン」としてマスターする**ことを目的としています。

英文パターンを**使用頻度**と**必要度**の観点から徹底的に検証、全部で約200近くのパターンについて何度も討議を重ねた結果、そのうち最も基本かつ重要なものを「基本カンタン編」として本書に収録しました。パターン1からパターン84まで、習得難易度の低いものから高いものへと順番に並べ、全体の構成を整えています。

本書の2つの大きな特長

①重要パターンを完全にモノにできる**丁寧な解説！**

　本書は、多くの例文集に共通する「最低限の解説×多くの例文」という構成ではありません。逆に、**「丁寧な解説×少ない例文」**という方針をとっています。

　せっかく多くの例文を覚えても、英文の仕組みと用法をしっかり把握せずに毎回「例文のマネ」をするだけでは、英語力の底上げはできません。本書では、英会話パターンの仕組みと機能、使い方がしっかり把握できるように、できる限り丁寧な解説を心がけました。日本人が間違いやすい点、フレーズの持つ微妙なニュアンスなど「なるほどポイント」も数多く示しています。

②**最も使える3例文**が会話力の土台になる！

　各パターンを実際の会話でどのように用いるか、**「ミニ会話」**と**「最も使える3例文」**で示しています。むやみに多くの例文を覚えるよりも、よく使われるフレーズを数例に絞ってパターンと一緒に覚えるほうが学習効率は高く、応用の利く「英会話の土台」をしっかりと築き上げることができるのです。

　本書に展開する私たち独自のノウハウにより、楽しみながら英会話の練習を続けていただければ幸いです。1日5分、10分でも構いません。成果を得るためには、とにかく毎日継続して頑張ることが大切です。「基礎英会話をマスターしたい！」「ペラペラ、スラスラ英語を話せるようになりたい！」と願っておられるみなさんにとって、本書が大きな助けとなりますように。

著者一同

CONTENTS

はじめに 2
本書の利用法 8

第 1 部　超重要！すぐに使える 30 パターン

| パターン 1 | どうぞ〜してください　**Please *do* 〜** 12
| パターン 2 | 〜するな / 〜しないで　**Don't *do*［be］〜** 14
| パターン 3 | …しなさい、そうすれば［そうしなければ］〜　命令文**, and［or］〜** ... 16
| パターン 4 | 〜は何ですか　**What 〜?** 18
| パターン 5 | 〜は誰ですか　**Who 〜?** 20
| パターン 6 | 誰の〜ですか　**Whose 〜?** 22
| パターン 7 | 〜はどこですか　**Where 〜?** 24
| パターン 8 | 〜はいつですか　**When 〜?** 26
| パターン 9 | 〜はどれですか　**Which 〜?** 28
| パターン 10 | どのように〜ですか / 〜はどうですか　**How 〜?** 30
| パターン 11 | どうして〜ですか　**Why 〜?** 32
| パターン 12 | どんな種類の〜ですか　**What kind of＋**名詞**〜?** 34
| パターン 13 | 〜についてどう思いますか　**What do you think of［about］〜?** ... 36
| パターン 14 | 〜はどんな感じですか　**What is 〜 like?** 38
| パターン 15 | どのくらい〜ですか　**How＋**形容詞 / 副詞**〜?** 40
| パターン 16 | 〜するでしょう / 〜するつもりです　**I'll *do* 〜** 42
| パターン 17 | 〜する予定です　**I'm going to *do* 〜** 44
| パターン 18 | 〜しています　主語**＋**be 動詞**＋*doing* 〜** 46
| パターン 19 | 〜されます / 〜されました　主語**＋**be 動詞**＋**過去分詞 ... 48
| パターン 20 | 〜があります / 〜がいます　**There＋**be 動詞**＋**主語 ... 50

4

パターン21	～したいなあ **I want to *do* ～**	52
パターン22	～したいです **I'd like to *do* ～**	54
パターン23	～していただきたいのですが **I'd like you to *do* ～**	56
パターン24	～と思います **I think (that) ～**	58
パターン25	～と思います **I believe [feel / suppose / guess] (that) ～**	60
パターン26	～ではないと思います／～とは思いません **I don't think (that) ～**	62
パターン27	～をありがとうございます **Thank you for ～**	64
パターン28	～をすみません **I'm sorry ～**	66
パターン29	すみませんが～ **Excuse me, but ～**	68
パターン30	それはそうですが～ **That's true, but ～**	70
復習テスト①		72
コラム		78

第2部　頻出！これが言いたい54パターン

パターン31	～ができます／～してもいいです **You can *do* ～**	80
パターン32	～してもいいですよ／～かもしれません **You may *do* ～**	82
パターン33	～すべきです／～する方がいいですよ **You should *do* ～**	84
パターン34	～しなければなりません **You must *do* ～**	86
パターン35	～してはいけません **You mustn't *do* ～**	88
パターン36	～すべきだ **You had better *do* ～**	90
パターン37	～が必要です **You need ～**	92
パターン38	～しなければなりません **You have to *do* ～**	94
パターン39	～しましょう **Let's *do* ～**	96
パターン40	～してもいいですか **May I *do* ～?**	98
パターン41	～してくれる？／～してもらえる？ **Will you *do* ～?**	100

CONTENTS

パターン 42	～していただけますか Could [Would] you *do* ～?	102
パターン 43	～しましょうか Shall I [we] *do* ～?	104
パターン 44	～したらどう？ Why don't you *do* ～?	106
パターン 45	一緒に～するのはどう？/ ～してみてはどう？ Why don't we *do* ～?	108
パターン 46	～させてください Let me *do* ～	110
パターン 47	～して嬉しいです I'm glad ～	112
パターン 48	～であることを望みます I hope (that) ～	114
パターン 49	残念ですが I'm afraid (that) ～	116
パターン 50	A ですか、それとも B ですか ～ A or B?	118
パターン 51	～の方法を知っていますか Do you know how to *do* ～?	120
パターン 52	～か知っていますか / ～かわかりますか Do you know ＋ 疑問詞 ＋ 主語 ＋ 動詞 ?	122
パターン 53	きっと～だと思います I'm sure (that) ～	124
パターン 54	～かどうかよくわかりません I'm not sure if [whether] ～	126
パターン 55	もし～ならば if ＋ 主語 ＋ 動詞	128
パターン 56	～した時 / ～する時 when ＋ 主語 ＋ 動詞	130
パターン 57	～するとすぐに as soon as ＋ 主語 ＋ 動詞	132
パターン 58	～なので / ～だから because ＋ 主語 ＋ 動詞	134
パターン 59	～であるけれども / ～にもかかわらず though [although] ＋ 主語 ＋ 動詞	136
パターン 60	～する時ならいつでも / ～する所ならどこでも / いつ～しようとも / どこで～しようとも whenever / wherever ＋ 主語 ＋ 動詞	138
パターン 61	～です It ＋ 動詞	140
パターン 62	あなたにとって～することは…です It's ＋ 形容詞 ＋ for you to *do* ～	142
パターン 63	…することは～です 動名詞の主語 ＋ 動詞	144
パターン 64	それは～です That ＋ 動詞	146

パターン65	～じゃないですか Isn't it ～?	148
パターン66	～ではないんですか Don't you do ～?	150
パターン67	もう～しました / ずっと～しています / ～したことがあります I have＋過去分詞	152
パターン68	もう～しましたか / ずっと～していますか / ～したことがありますか Have you＋過去分詞？	154
パターン69	～はいかがですか / ～はどうしましょうか How do you like ～?	156
パターン70	～はどうですか / ～するのはどうですか How [What] about ～?	158
パターン71	～でしょうか / ～かしら I wonder ～	160
パターン72	～しようとしています I'm trying to do ～	162
パターン73	～しようと思っています I'm thinking of [about] doing ～	164
パターン74	～するつもりです I'm planning to do ～	166
パターン75	～を楽しみにしています I'm looking forward to ～	168
パターン76	～は初めてです This is my first＋名詞	170
パターン77	～する機会があります I have [get] a chance to do ～	172
パターン78	～と言っているのですか Are you saying (that) ～?	174
パターン79	～ですよね You're ～, aren't you?	176
パターン80	～と同じくらい…です 主語＋動詞＋as＋形容詞/副詞＋as ～	178
パターン81	～よりも…です 主語＋比較級＋than ～	180
パターン82	最も～です 主語＋the＋最上級	182
パターン83	なんという～でしょう！ What＋名詞＋主語＋動詞！	184
パターン84	なんて～でしょう！ How＋形容詞/副詞＋主語＋動詞！	186
復習テスト②		188

本書の利用法

　本書は「パターン」「なるほど！こう考えればカンタンに使える」「すぐにチェック！ミニ会話」「最も使える3例文」と、それぞれの解説で構成されています。パターン1〜パターン84まで、順番どおりに学習していけば英会話の基本がマスターできるようになっています。

Step 1

まずは「パターン」と「なるほど！こう考えればカンタンに使える」を読み、パターンの骨格となる文法構造と用法をしっかり理解しましょう。

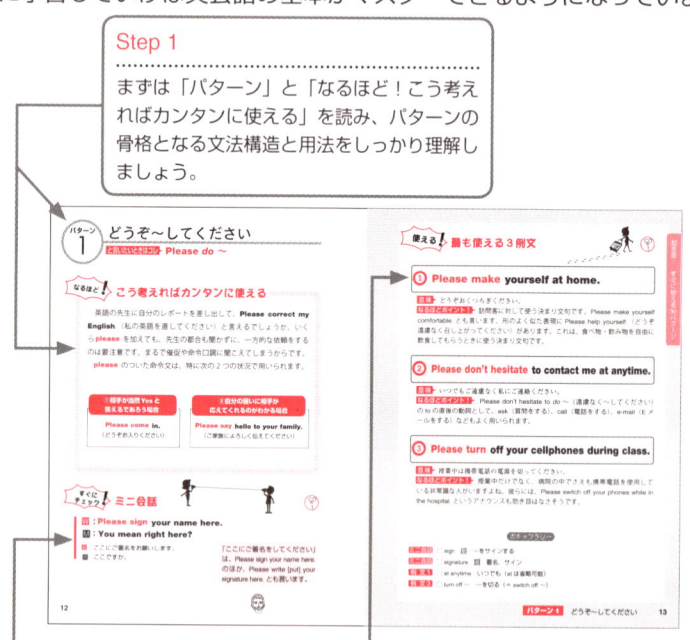

Step 2

パターンが男女の会話の中でどのように使われているか、チェックしてみましょう。

Step 3

例文を覚えましょう。無理なくしっかり覚えられるように、最も使用頻度の高いもの3例を載せています。解説を読み、用法や応用例をしっかり身につけましょう。

Step 4

前半の「超重要!すぐに使える30パターン」と、後半の「頻出!これが言いたい54パターン」にはそれぞれ章末に復習テストが付いています。パターンと例文がどれだけマスターできているか、確認しましょう。

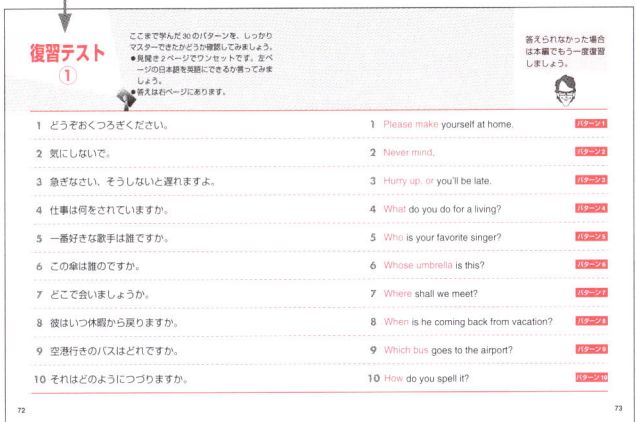

- 本書のパターン・解説では、以下をイタリック(斜体)で表記しています。
do = 動詞の原形　*be* = be動詞　*doing* = 現在分詞／動名詞　*one's* = 人称代名詞の所有格
- 本書の解説で、英文中の( )内の語(句)は省略可能を示しています。また、[ ]内の語(句)は直前の語(句)と言い換えが可能であることを表しています。

＝ルリアス　＝宮野

🎧 付属CDの効果的な利用法

付属CDには、「各パターンの見出し」、「すぐにチェック！ミニ会話」、「最も使える3例文」が収録されています。8ページのStep 1〜3を行ってから、以下のようにCDを活用してください。

① 会話・例文を目で追いながら、耳でしっかり聞きましょう。英語が英語のままで意味をともない頭に入ってくるまで、聞き続けてください。
② 例文を見ながら、音声をリピートしてみましょう。聞こえてくる音を真似して、なるべくネイティブに近い発音ができるようになるまで練習しましょう。
③ 少し高度な発展的トレーニングを行いたい人は、シャドーイングにチャレンジしましょう。シャドーイングとは、例文の音声が終わるのを待たずに、音声をすぐ後から追いかけて真似をするスピーキング練習です。音声に半歩遅れて影のようについていくことで、耳と口を同時に鍛えられ、ネイティブ特有の音感とスピードが身につきます。（※興味のある方は、『ゼロからスタート シャドーイング』（Jリサーチ出版）もご覧ください）

第1部

超重要!
すぐに使える
30パターン

パターン 1 どうぞ〜してください

と言いたいときはコレ → **Please do 〜**

なるほど！ こう考えればカンタンに使える

英語の先生に自分のレポートを差し出して、**Please correct my English.**（私の英語を直してください）と言えるでしょうか。いくら **please** を加えても、先生の都合も聞かずに、一方的な依頼をするのは要注意です。まるで催促や命令口調に聞こえてしまうからです。

please のついた命令文は、特に次の2つの状況で用いられます。

---

① 相手が当然 Yes と答えるであろう場合

Please come in.
（どうぞお入りください）

② 自分の願いに相手が応えてくれるのがわかる場合

Please say hello to your family.
（ご家族によろしく伝えてください）

すぐにチェック！ ミニ会話

W: Please sign your name here.
M: You mean right here?

女：ここにご署名をお願いします。
男：ここですか。

「ここにご署名をしてください」は、Please sign your name here. のほか、Please write [put] your signature here. とも言います。

使える！最も使える３例文

① Please make yourself at home.

意味 どうぞおくつろぎください。
なるほどポイント！ 訪問客に対して使う決まり文句です。Please make yourself comfortable. とも言います。形のよく似た表現に Please help yourself.（どうぞ遠慮なく召し上がってください）があります。これは、食べ物・飲み物を自由に飲食してもらうときに使う決まり文句です。

② Please don't hesitate to contact me at anytime.

意味 いつでもご遠慮なく私にご連絡ください。
なるほどポイント！ Please don't hesitate to do ～（遠慮なく～してください）の to の直後の動詞として、ask（質問をする）、call（電話をする）、e-mail（Eメールをする）などもよく用いられます。

③ Please turn off your cellphones during class.

意味 授業中は携帯電話の電源を切ってください。
なるほどポイント！ 授業中だけでなく、病院の中でさえも携帯電話を使用している非常識な人がいますよね。彼らには、Please switch off your phones while in the hospital. というアナウンスも効き目はなさそうです。

ボキャブラリー

- **ミニ会話** □ sign　動　～をサインする
- **ミニ会話** □ signature　名　署名、サイン
- **例文２** □ at anytime　いつでも（at は省略可能）
- **例文３** □ turn off ～　～を切る（= switch off ～）

パターン１　どうぞ～してください

パターン 2 〜するな / 〜しないで

と言いたいときはコレ ▶ Don't *do* [be] 〜

なるほど！ こう考えればカンタンに使える

Don't ＋ 動詞の原形 で「〜するな / 〜しないで」という**否定の命令文**になります。**Don't** は、強調して **Do not** と言うこともあります。さらに強調する際には、**Don't** の代わりに **Never** を使うこともあります。

Don't の後は**動詞の原形**なので、**一般動詞**の他に **be** が来ることもあります。言い方によって、きつく聞こえることもあれば、優しく聞こえることもあります。

Please 〜 とすることで、大抵の場合は優しく聞こえます。命令文は、相手との関係や状況を的確に判断して、正しく使うことを心掛けましょう。

すぐにチェック！ ミニ会話

W: **Don't be afraid of making mistakes when speaking English.**
M: **Yeah, I know. But I easily get nervous.**

女：英語を話すときには、間違いをするのを
恐れては駄目よ。
男：うん、わかってるよ。でもすぐに緊張してしまうんだ。

Don't be afraid of 〜（〜を恐れないで）は、いつも〜の部分に名詞や動名詞が来ることを覚えておきましょう。

① **Don't worry.**

意味 心配しないで。

なるほどポイント！ 言い方によって「心配するな / 心配しないで / ご心配なく」などの意味になります。「〜について心配しないで」という場合には、Don't worry about 〜 の形を用います。**例**：Don't worry about it.（それについてはご心配なく / そのことは気にしないで）

② **Never mind.**

意味 気にしないで。

なるほどポイント！ 日本ではよく野球の試合中、チームメイトがミスをした場合に、「ドンマイ」と言います。英語では Don't mind. もおかしくはないのですが、ネイティブは断然 Never mind. の方を好んで用います。「ドンマイ」だけでなく、「別に気にしないで」と言いたいときにも使える便利な表現です。

③ **Don't be silly.**

意味 馬鹿なこと言うなよ。

なるほどポイント！ Don't be silly. は「馬鹿なこと言うなよ / 何言ってるの？ / ふざけないでよ」などの意味を表します。家族同士や友達同士でよく使う決まり文句です。

ボキャブラリー

ミニ会話 □ get nervous　あがる、緊張する

パターン2　〜するな / 〜しないで

パターン3 …しなさい、そうすれば [そうしなければ] 〜

と言いたいときはコレ ▶ **命令文, and [or] 〜**

なるほど！ こう考えればカンタンに使える

命令文＋**and** / **or** は日常会話で非常によく用いられるパターンです。**命令文の後に and** が来ると「…しなさい、そうすれば〜」の意味を、**or** が来ると「…しなさい、そうしないと（さもないと）〜」の意味を表します。**or** の部分を、**or else** と言うこともあります。**and** と **or** は、いずれも **if** 節を使って言い換えることが可能です。

少し反語的になりますが、映画の中で、**Move, and I'll kill you.** なんていう物騒なセリフを聞いた人もおられるのではないでしょうか。そのフレーズは「動け、そうすればお前を殺すぞ ⇒ 動いたら、命はないぞ」という意味を表します。

すぐにチェック！ ミニ会話

M: Excuse me, where is the post office?
W: Go straight two blocks, and you'll find it on your right.

男：すみません、郵便局はどこにありますか。
女：まっすぐ2ブロック行けば、右手に見えてきますよ。

〈命令文＋and〉は道案内にも使える便利なパターンです。you'll find it の find の代わりに、see を使うことも可能です。

使える！ 最も使える３例文

① Study hard, and you'll pass the exam.

意味 一生懸命に勉強しなさい、そうすれば試験に合格しますよ。
なるほどポイント！ if 節を使えば、If you study hard, you'll pass the exam. と言えます。反対に、or を使えば、Study hard, or you'll fail the exam.（一生懸命に勉強しなさい、そうしないと試験に落ちますよ）なんてことも言えますね。

② Take this medicine, and you'll get well soon.

意味 この薬を飲みなさい、そうすればすぐに良くなりますよ。
なるほどポイント！ 「この薬を飲めば、すぐに良くなりますよ」と訳してもよいですね。get well は「よくなる、治る」という意味ですが、代わりにほとんど同じ意味の feel better（気分がよくなる / 具合が良くなる）を用いることも可能です。

③ Hurry up, or you'll be late.

意味 急ぎなさい、そうしないと遅れますよ。
なるほどポイント！ 「急がないと、遅れますよ」と訳してもよいですね。if 節を使えば、If you don't hurry up, you'll be late. と言えます。反対に、and を使えば、Hurry up, and you'll catch the train.（急げば、列車に間に合いますよ）なんてことも言えますね。

──────── ボキャブラリー ────────

ミニ会話 □ block 名 通りの街区
ミニ会話 □ on your right [left] 右側 [左側] に

パターン３ …しなさい、そうすれば [そうしなければ] 〜

パターン 4 〜は何ですか

と言いたいときはコレ **What 〜?**

なるほど！ こう考えればカンタンに使える

What 〜 で始まる質問文に対しては、**具体的な内容**で返答をしましょう。**What 〜** の代表的なパターンは次の通りです。

① 最もよく使うパターン

What + be動詞 + 主語 ?
What is that?
（それは何ですか）

What + do / 助動詞 + 主語 + 動詞 ?
What did you buy?
（あなたは何を買いましたか）

② What の後に名詞が来るとき

What + 名詞 + be動詞 + 主語 ?
What day is it today?
（今日は何曜日ですか）

What + 名詞 + do / 助動詞 + 主語 + 動詞 ?
What language does he speak?
（彼は何語を話しますか）

すぐにチェック！ ミニ会話

M: **What do you call this in English?**
W: **It's called a "vacuum cleaner."**

男：これを英語で何と言いますか。
女：それは "vacuum cleaner"（掃除機）と言います。

> 目の前にある物を英語でどう言えばよいかわからないときには、What do you call this in English? と聞きます。もっと簡単に、What's this in English? や What's the English for this? でも OK です。

① **What** are you talking about?

意味 何言ってるの？
なるほどポイント！ 2つの意味を持つ決まり文句です。1つは相手を非難して「一体何言ってるんだ！」の意味です。もう1つは純粋に「何の話をしているのですか」と聞く場合の質問です。日常会話で頻繁に使われるフレーズなので、どちらの使い方にもしっかりと慣れておきましょう。

② **What** do you do for a living?

意味 仕事は何をされていますか。
なるほどポイント！ 相手の職業を聞くときの代表的な決まり文句です。for a living の部分を省略して、What do you do? と言うこともあります。What are you? や What's your job? ではぶっきらぼうな感じでよい印象を与えないので、What do you do for a living? と聞くことをお勧めします。

③ **What time** do you go to work every day?

意味 毎日何時に仕事に出かけますか。
なるほどポイント！ 「会社に行くのに家を何時に出るか？」を聞く質問です。go to work を get to work にすれば、「毎日何時に会社に着きますか」の意味となります。さらに、「毎日、何時に仕事を始めるのですか」なら、What time do you start work every day? と言えばよいですね。

パターン4 〜は何ですか

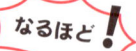

パターン 5 〜は誰ですか

と言いたいときはコレ **Who 〜?**

なるほど！ こう考えればカンタンに使える

疑問詞 **Who 〜**で始まる質問文も、**Yes / No** で答えることはできません。**Who** に対しては、**誰（人物の名前）**で返答をするように心掛けましょう。**Who** は、次の 2 つのパターンを覚えておくと便利です。

Who＋ be動詞 / do / 助動詞 ＋ 主語 ?
Who is he?
（彼は誰ですか）
Who did you see?
（誰を見たのですか）

Who＋ 動詞 ?
Who told you that?
（誰があなたにそのことを話したのですか）

Who did you see? は Whom did you see? とも言えますが、日常会話では Whom より Who を用いるのが普通です。

Who が主語になっているの点がポイントです。

すぐにチェック！ ミニ会話

M：Who is coming to the party tomorrow?
W：Becky, Ken, Jenny, and some others.

男：明日のパーティーには誰が来るの？
女：ベッキー、ケン、ジェニーたちよ。

Who is coming?（誰が来ますか）や Who is coming to 〜?（誰が〜に来ますか）はパーティーや食事、集まりなどに誰が出席するのかを知りたいときに使える質問文です。

 最も使える３例文

① Who is your favorite singer?

意味 一番好きな歌手は誰ですか。
なるほどポイント! favorite は「(一番) 大好きな、ひいきの」の意味の形容詞です。「一番好きな人」を聞く場合は、Who is your favorite 〜? のパターンが便利です。例: Who is your favorite actor [actress]?（あなたの好きな男優 [女優] は誰ですか）

② Who wants more coffee?

意味 もっとコーヒーが欲しい人はいる？
なるほどポイント! もしもコーヒーが欲しい場合には、I do. と答えましょう。もう欲しくないという人も、No, thanks.（いいえ、結構です）や I'll pass.（私はもうやめておきます）くらい言って意志をはっきりと伝えるようにしましょう。同じ意味で、Would anyone like more coffee? とも言います。

③ Who did you hear it from?

意味 それは誰から聞いたのですか。
なるほどポイント! 文尾の前置詞 from が重要です。from を忘れないように気をつけましょう。From whom did you hear it? とも言えますが、かなり堅い感じに聞こえるので、日常会話では Who did you hear it from? をお勧めします。

パターン5 〜は誰ですか

パターン6 誰の〜ですか

と言いたいときはコレ Whose 〜?

なるほど！ こう考えればカンタンに使える

疑問詞 **Whose** は、**パターン5** で扱った **Who** の所有格で**「誰の〜」**という**所有**の意味を表します。

① **Whose pen is this?**（これは誰のペンですか）のように **Whose＋名詞＋is 〜?** で用いる場合と、② **Whose is this pen?**（このペンは誰のですか）のように **Whose is 〜?** で用いる場合の2つのパターンを覚えておくとよいでしょう。

どちらもよく用いられますが、①の方が②よりも頻繁に用いられる傾向があります。持ち主を知りたい場合には、どんどん **Whose** を使って質問しましょう。

すぐにチェック！ ミニ会話

M: **Whose is that red car in the driveway?**
W: **It's Kari's new one.**

男：ドライブウェイにあるあの赤い車は誰の？
女：キャリーの新車だよ。

> Whose 〜による質問に対しては、Kari's のように「誰のもの」かがはっきりとわかるように所有格を用いて返答します。

最も使える3例文

① Whose umbrella is this?

意味 この傘は誰のですか。
なるほどポイント！ umbrella [ʌmbrélə] は案外発音しにくい語です。特に [r] と [l] の音に注意して、しっかりと練習しておきましょう。この文は、Whose is this umbrella? と言うこともできます。

② Whose dirty socks are these?

意味 この汚いソックスは誰の？
なるほどポイント！ 子供が脱いだソックスをそのまま置きっぱなしにしておくと、お母さんは Whose dirty socks are these?（この汚いソックスは誰の？）と言いながら怒りをあらわにするものです。socks（靴下）や shoes（靴）は2つで1組の複数形なので、直後の be 動詞は are となるわけです。

③ Whose book are you reading?

意味 誰の本を読んでいるのですか。
なるほどポイント！ この場合の Whose book は本の持ち主ではなく、本の著者を指しています。つまり、「どの著者の本を読んでいるのか」を聞いているわけです。

―――― ボキャブラリー ――――

ミニ会話 □ driveway 名 一般道路から自宅の車庫までの私設道

パターン 6 誰の〜ですか

パターン7 〜はどこですか

と言いたいときはコレ **Where 〜?**

なるほど！ こう考えればカンタンに使える

疑問詞 **Where 〜** で始まる質問文は、**「どこ」（場所）** について尋ねるときに用いられます。**Where** の後には普通の疑問文の語順が続きます。次の2つのパターンを覚えておくと便利です。

Where＋ be動詞 ＋ 主語 ?
Where is my bag?
（私の鞄はどこですか）
Where is the city office?
（市役所はどこですか）
Where are you going?
（どこに行くのですか）

Where＋ do / 助動詞 ＋ 主語 ＋ 動詞 ?
Where did you buy that?
（どこでそれを買いましたか）
Where can I get a taxi?
（どこでタクシーに乗れますか）

すぐにチェック！ ミニ会話

M : Excuse me, where is Mr. Oliver's office?
W : It's down the hall on your left.

男：すみませんが、オリヴァーさんのオフィスはどこでしょうか。
女：この廊下の突き当たりの左側です。

> 通りがかりの人に場所を尋ねるときには、Excuse me, (but) where is 〜? を使うと便利です。同じことを Excuse me, (but) where can I find 〜? で表現することもできます。

① **Where** are you from?

意味▶ どちらのご出身ですか。
なるほどポイント！▶ 相手の出身地を尋ねるときの決まり文句です。返答は、I'm from Osaka, Japan.（日本の大阪です）のように言います。「どこから来られましたか」を直訳して、Where did you come from? は間違いです。それでは、「ここに来る前はどこにおられましたか」という意味になるからです。

② **Where** shall we meet?

意味▶ どこで会いましょうか。
なるほどポイント！▶ Where の後には、be 動詞や do（does / did）だけでなく、助動詞を置くこともあります。Where shall we meet? は場所に言及する質問ですが、これを応用して「いつ、どこで会いましょうか」と時間と場所の両方を聞きたい場合には、When and where shall we meet? と言います。

③ **Where** should I park?

意味▶ どこに駐車すればよいですか。
なるほどポイント！▶ 動詞 park は「車を駐車する」の意味の自動詞で用いられています。park を他動詞（〜を駐車する）として用い、park の後に my car をつけることも可能です。ただし、多くのネイティブは Where should I park my car? よりも、Where should I park? の方を用いるようです。

パターン 7 〜はどこですか

パターン 8 〜はいつですか

と言いたいときはコレ **When 〜?**

なるほど！ こう考えればカンタンに使える

疑問詞 **When 〜** で始まる質問文は**「いつ」（時）**について尋ねるときに用いられます。**When** の後にも普通の疑問文の語順が続きます。次の 2 つのパターンを覚えておきましょう。

When＋be 動詞＋主語？	When＋do / 助動詞＋主語＋動詞？
When is your birthday? （あなたの誕生日はいつですか）	**When** did she get married? （彼女はいつ結婚しましたか） **When** can I pick it up? （いつそれを受け取りに来ればよいですか）

「何時」とはっきりした時間を聞きたい場合には、**When** の代わりに **What time** を使うこともできます。

すぐにチェック！ ミニ会話

Ⓜ: **When is good for you?**
Ⓦ: **Next Monday would be good for me.**

男：いつがご都合がよろしいですか。
女：来週の月曜日ならいいですけど。

> When is good for you? は、相手の都合の良い日・時間を聞く決まり文句です。相手が友達であれば、When are you free? や When are you available?、When can you make it? などと言っても OK です。

使える！最も使える3例文

① When is he coming back from vacation?

意味 彼はいつ休暇から戻りますか。

なるほどポイント！ vacation の部分を、summer vacation（夏休み）や Christmas vacation（クリスマス休暇）に変えて練習してみましょう。さらに、vacation の部分を「場所」にすれば、When is he coming back from Thailand?（彼はいつタイから戻りますか）とも言えます。

② When was the last time you saw him?

意味 最後に彼に会ったのはいつですか。

なるほどポイント！ When was the last time ～?（最後に～したのはいつでしたか）は非常に便利なパターンです。～の部分には〈主語＋動詞（過去形）〉の文を入れてください。同じことを、When did you see him last? と言うことも可能です。

③ When do you need it?

意味 いつそれが必要ですか。

なるほどポイント！ When do you need it?（いつそれが必要ですか）と聞かれれば、I need it tomorrow.（明日必要なんです）などと答えます。ただし、文尾に前置詞の by をつけると、When do you need it by?（いつまでにそれが必要ですか）となり、意味が少し変わります。

パターン 8 ～はいつですか

パターン 9 〜はどれですか

と言いたいときはコレ **Which 〜?**

なるほど！ こう考えればカンタンに使える

Which は「**どの**」「**どちらの**」のように**選択**を表す疑問詞です。2つ、あるいはそれ以上のものの中から1つを選ぶ場合に用います。

最も簡単なのは、直後に **be** 動詞が来る場合で、**Which is yours?**（どちらがあなたのですか）や **Which is bigger?**（どちらの方が大きいですか）がその例です。

また、**Which** の後には、他の疑問詞と同じく **do** や**助動詞**が続くこともありますし、**Which +** 名詞 **〜?** の形になることもあります。

例：**Which color do you prefer?**（どっちの色が好きですか）

すぐにチェック！ ミニ会話

W : Which would you like, beef or chicken?
M : I'd like beef.

女：ビーフとチキンのどちらになさいますか。
男：ビーフをお願いします。

この質問はよく飛行機の中で客室乗務員に聞かれますね。レストランで聞かれる質問でもあります。もちろん、疑問詞 Which を用いずに、Would you like beef or chicken? と聞かれることもあります。

使える！最も使える3例文

① Which floor is your office on?

意味 あなたのオフィスは何階にありますか。
なるほどポイント！ 文尾の on は省略可能です。Which floor is 〜? は、ビルの何階に〜があるのかを質問するフレーズです。Which floor is the toy department on?（おもちゃ売り場は何階ですか）や Which floor is women's clothing on?（婦人服売り場は何階ですか）とも言えますね。

② Which bus goes to the airport?

意味 空港行きのバスはどれですか。
なるほどポイント！ 〈Which＋乗り物＋goes to＋場所？〉のパターンで覚えておくと、旅行中にとても便利です。例えば、Which bus goes to the city center?（市内へ行くバスはどれですか）や Which train goes to Boston?（どの電車がボストンに行きますか）などと質問ができます。

③ Which way is north?

意味 どっちの方向が北ですか。
なるほどポイント！ 方向音痴の人なら地図を見ながら、通りがかりの人に Which way is north? と質問することがあるでしょう。さらに、現在地を知りたい場合には、**パターン8** の Where を使って、Where are we now? や Where am I now?（ここはどこですか）と聞くことができます。

パターン9 〜はどれですか

パターン 10 どのように〜ですか / 〜はどうですか

と言いたいときはコレ **How 〜?**

なるほど！ こう考えればカンタンに使える

How は「**どのように〜ですか**」と「**方法・手段**」を尋ねるだけでなく、「**〜はどんな調子ですか**」と「**様子**」「**状態**」を尋ねる疑問詞でもあります。

①方法・手段を聞く

How did you do that?
（どうやってそれをやったんですか）
How did you come here?
（ここへどうやって来ましたか）

②相手の調子を聞く

How are you?
（調子はどうですか）

① **How do you** *do* **〜?** と② **How＋be動詞＋主語?** の2つが代表的なパターンです。**How** の直後には他の疑問詞の場合と同じく、**do（does / did）** と **be** 動詞に加えて、**助動詞（will / can など）** も来ます。

すぐにチェック！ ミニ会話

W: How did you do on your test?
M: I think I did well.

女：試験はどうだった？
男：よくできたと思うよ。

相手に「何かの出来映え」について聞く質問が、How did you do on your 〜? です。How did you do on your test? は、もっと簡単に How was your test? や How did your test go? と言ってもOKです。

使える！ 最も使える3例文

① How do you spell it?

意味 それはどのようにつづりますか。

なるほどポイント！ 相手に単語のスペルを聞くときに用いる質問です。「相手の名字」であれば、How do you spell your last name? と聞けばよいですね。使用頻度は下がりますが、受動態を使って How is your last name spelled? と言うことも可能です。

② How do you say "Tadaima" in English?

意味 英語で「ただいま」はどう言いますか。

なるほどポイント！ How do you say ～ in English?（英語で～はどう言いますか）は、重要な決まり文句です。帰宅したときの「ただいま」は英語でどう言うのでしょうか。英語では、状況に応じて "Hi." や "I'm home." などがそれに相当します。

③ How was your trip?

意味 旅行はどうでしたか。

なるほどポイント！ 「～への旅」という場合は to ～を加えて、How was your trip to Europe?（ヨーロッパ旅行はどうでしたか）と言います。How was ～? は相手に「～に関する感想」を尋ねる質問で、非常によく使われます。：How was your weekend?（週末はどうでしたか）

パターン 10 どのように～ですか / ～はどうですか

パターン11 どうして〜ですか

と言いたいときはコレ Why 〜?

なるほど！ こう考えればカンタンに使える

「どうして / なぜ〜？」と**「理由」**を聞く場合は、**Why 〜?** です。**Why** の後には、普通の疑問文の語順が続きます。**Why is that?**（それはどうしてですか）や **Why do you like it?**（なぜそれが好きなのですか）などと言います。理由を聞くのに便利な表現パターンなのですが、日本人の中には、少し躊躇して **Why 〜?** の質問を敬遠気味な人が多いようです。欧米社会のみならず、現代のグローバル社会では、きちんと理由や原因を聞き出すコミュニケーション力は必要不可欠です。

Why 〜? と聞かれた場合の返答としては、**Because 〜**（なぜならば〜）が最も一般的です。

すぐにチェック！ ミニ会話

W : Why did Peter quit his job?
M : Because he got a better one.

女：どうしてピーターは仕事を辞めたの？
男：もっと良い仕事を得たからだよ。

> a better one の one は job のことを指しています。実際の会話の中では Because の代わりに、短縮形の Cuz [kəz] を使う人もいますので慣れておきましょう。

使える！最も使える3例文

① Why are you late?

意味▶ どうして遅れたのですか。
なるほどポイント！▶ 遅刻常習犯に対しては、Why are you always late?（どうしていつも遅れるの？）ともっときついコメントを浴びさせられるかもしれませんね。いずれにせよ、Why are you late? と言われたら、ひたすら平身低頭してBecause ～と理由を述べてわびるのがルールでしょう。

② Why do you think so?

意味▶ どうしてそう思うのですか。
なるほどポイント！▶ 「相手はどうしてそのように考えるんだろう？」と思ったときには、この決まり文句を使ってください。Why を What に変えて、What makes you think so? と言っても同じ意味を表します。この場合の make は使役動詞（～させる）です。両方とも使えるように練習しておきましょう。

③ Why do you say that?

意味▶ どうしてそんなことを言うのですか。
なるほどポイント！▶ 「どうしてそんなことを言うの？/ なぜそんなふうに言うの？」と言いたい場合の決まり文句です。**例文2** と同様、What と使役動詞 make を使えば、What makes you say that? と言うことができます。

パターン 11 どうして～ですか

パターン12 どんな種類の〜ですか

と言いたいときはコレ **What kind of ＋ 名詞 〜?**

なるほど！ こう考えればカンタンに使える

「どんな種類の〜ですか」と質問したいときは、**What kind of 〜?** のパターンを用います。**kind** の代わりに、**sort** を使って **What sort of 〜?** と言うこともあります。**What kind of** の直後には、**必ず名詞を置く**ことを覚えておきましょう。名詞の部分は、名詞の種類や状況などに応じて、単数形または複数形になります。

例：**What kind of wine is this?**（これはどんな種類のワインですか）
　　What kind of movies do you like?（どんな映画が好きですか）

さらに、**kind** が複数の **kinds** となることもあります。

例：**What kinds of drinks do you have?**（どんな飲み物がありますか）

すぐにチェック！ ミニ会話

W：**What kind of salad dressing would you like?**
M：**What kinds of dressing do you have?**

女：サラダのドレッシングは何になさいますか。
男：どんな種類のドレッシングがありますか。

> レストランでサラダを注文した場合、What kind of salad dressing would you like? や What kind of dressing would you like on your salad?（サラダのドレッシングは何になさいますか）と聞かれます。

① What kind of music do you like?

意味 どんな種類の音楽が好きですか。
なるほどポイント！ 「どんな種類の〜が好きですか」のパターンは、What kind of 〜 do you like? です。〜の部分に、books（本）、TV programs（テレビ番組）、food（食べ物）などを入れて質問します。「どんな音楽を（普段）聞いていますか」は What kind of music do you listen to? です。

② What kind of person is she?

意味 彼女はどんなタイプの人ですか。
なるほどポイント！ What kind of person は、What type of person や What sort of person に言い換えても OK です。さらに、「あなたはどんなタイプの男性［女性］が好きですか」であれば、What kind of man [woman] do you like? と言えばよいですね。

③ What kind of car do you drive?

意味 どんな車に乗っていますか。
なるほどポイント！ これは、「どこのメーカーのどういう名前の車に乗っているのか」を尋ねる質問文です。もっと簡単に、What do you drive? と質問する人もいます。返答として、「トヨタのカローラに乗っています」であれば、I drive a Toyota Corolla. と言えば OK です。

パターン 12 どんな種類の〜ですか

パターン13 〜についてどう思いますか

と言いたいときはコレ What do you think of [about] 〜?

なるほど！ こう考えればカンタンに使える

What do you think? だけなら「どう思いますか／どうでしょうか」の意味です。「〜についてどう思いますか」と物事を挙げて相手の意見を尋ねる場合には、**What do you think of [about] 〜?** が用いられます。ニュアンスの違いは think of が「**〜についてちょっと考える**」、think about が「**〜についていろいろ考える**」くらいです。とはいえ、一般的に相手の意見を尋ねるときには、**of** と **about** のどちらでも OK です。

ただし、日本語の「どう思う」に引きずられて、How do you think of [about] 〜? とするのは誤りです。**疑問詞 How は動詞 feel との結びつきが強いため、How do you feel about 〜?** となります。

すぐにチェック！ ミニ会話

W: What do you think of my new hair style?
M: Cool! I like it.

女：私の新しいヘアスタイルをどう思う？
男：いけてるよ。僕は好きだなあ。

> What do you think of 〜? のパターンを使って、自分のことについても相手にどんどん質問してみましょう。

使える！最も使える3例文

① What do you think of global warming?

意味 地球温暖化についてどう思いますか。

なるほどポイント！ What do you think of［about］〜? のパターンを用いれば、さまざまな社会問題について相手の意見を聞くことができます。〜の部分に、whaling（捕鯨）、gun control（銃規制）、brain death（脳死）、space development（宇宙開発）などを入れてみるとよいですね。

② What do you think about living in Japan?

意味 日本での生活についてどう思いますか。

なるほどポイント！ think of［about］の後には名詞が来ますので、live は動名詞の living になるわけですね。about の後に動名詞の形を使えるようにしておきましょう。例：What do you think about shopping online?（インターネットショッピングをどう思いますか）

③ What did you think of the concert yesterday?

意味 昨日のコンサートをどう思いましたか。

なるほどポイント！ What の後の do を did にすれば、過去の出来事に対してどう思ったかを尋ねる質問文になります。the concert の部分を、the movie（映画）や the play（劇）などに変えると、いろんなことに対して相手の意見や感想を聞くことができます。

ボキャブラリー

ミニ会話 □ cool 形 素晴らしい、格好いい
例文1 □ global warming 地球温暖化

パターン13 〜についてどう思いますか

パターン 14 〜はどんな感じですか

と言いたいときはコレ **What is 〜 like?**

なるほど！ こう考えればカンタンに使える

ある**人**や**物**が「どんな感じか」を尋ねるパターンが **What is 〜 like?** です。**What's the new teacher like?**（新しく来た先生ってどんな感じ？）のように使います。この場合の **like** は**前置詞**で「**〜のような**」の意味を表します。

同じ意味を **How** で表現することもできますが、そのときには **like** が消えて、**How is 〜?** となります。**How's the new teacher?** のように言うわけです。また、「**〜するのはどんな感じですか**」と言いたい場合には、**What is it like *doing* / *to do* 〜?** の形を使うこともできます。この形を使う場合は、**like** の後に**動名詞**または **to 不定詞**が来ます。

すぐにチェック！ ミニ会話

W: **What's your girlfriend like?**
M: **She's amazing — beautiful, sweet, and intellectual.**

女：あなたのガールフレンドってどんな人？
男：彼女はすごいよ―きれいで、優しくて、しかも知的で。

> この男性のように、英語圏では、恥ずかしがらずにこれくらい堂々とおのろけ連発をしてよいのです。

使える！最も使える3例文

① What's the weather like in London?

意味 ▶ ロンドンのお天気はどうですか。

なるほどポイント！ ▶ このパターンを覚えておけば、What's the weather like in July?（7月のお天気はどんな感じですか）や What's the weather like in your area?（そちらのお天気はどんな感じですか）とも言えます。How を使って、How's the weather in London? と言っても OK です。

② What's the food in Malaysia like?

意味 ▶ マレーシアの料理ってどんな感じですか。

なるほどポイント！ ▶ いろんな国の料理の特徴について聞きたい場合は、in Malaysia の部分を、in Germany（ドイツでは）や in Ghana（ガーナでは）とすればよいですね。相手の国の何かについて聞く場合は、What's the ～ in your country like? でよいわけです。

③ What is it like living in Tokyo?

意味 ▶ 東京に住むのはどんな感じですか。

なるほどポイント！ ▶ What is it like *doing* / to *do* ～? の形です。What is it like to live in Tokyo? とも言えますが、like の後には to 不定詞よりも、動名詞（*doing*）が来るケースの方が使用頻度は高いようです。

ボキャブラリー

ミニ会話 □ amazing　形　すごい、驚くべき
ミニ会話 □ intellectual　形　知的な

パターン 14 　～はどんな感じですか

パターン 15 どのくらい〜ですか

と言いたいときはコレ How ＋ 形容詞 / 副詞 〜?

なるほど！ こう考えればカンタンに使える

How の後に 形容詞 / 副詞 を置いて、「どのくらい〜ですか」と「程度」を尋ねる質問文です。**How** の後には、さまざまな形容詞や副詞が来ます。会話文の中では、以下がよく用いられます。

- ☐ **How old**（年齢）
- ☐ **How tall**（背丈）
- ☐ **How high**（高さ）
- ☐ **How deep**（深さ）
- ☐ **How large**（大きさ / 広さ）
- ☐ **How long**（長さ）
- ☐ **How many**（数）
- ☐ **How much**（量 / 程度 / 価値）
- ☐ **How often**（頻度）
- ☐ **How far**（距離）
- ☐ **How fast**（速さ）
- ☐ **How good**（能力）
- ☐ **How hard**（難易度）

すぐにチェック！ ミニ会話

Ⓜ: **How long** does it take from here to the airport?
Ⓦ: It takes only 10 minutes by bus.

男：空港までどのくらい時間がかかりますか。
女：バスでほんの 10 分です。

> How long does it take 〜? は所要時間を尋ねるときに使います。take の後に to 不定詞が来ることもあります。例：How long does it take to get there?（そこまで行くのにどのくらい時間がかかりますか）

使える！最も使える３例文

① How far is it from here to the hotel?

意味 そのホテルまで距離はどのくらいありますか。
なるほどポイント！ How far は「距離」を聞く場合に用います。How far is it ~? の it は、距離を述べる文の主語になる形式的な it です（**パターン61** で学びます）。from here を取って、How far is it to the hotel? と簡単に言っても構いません。

② How many people are in your family?

意味 何人家族ですか。
なるほどポイント！ there をつけて、How many people are there in your family? としても OK です。ただし、家族の場合は How many members ~? は駄目です。「5 人家族です」であれば Five（people）. と簡単に答えてもよいですし、There are five people in my family. と答えることもできます。

③ How much did you pay for it?

意味 それにいくら払いましたか。
なるほどポイント！ How much の部分を What にして、What did you pay for it? と言うこともできます。it の部分に具体的な名詞を置けば、いくらでも応用範囲は広がります。例：How much did you pay for groceries today?（今日は食料品にいくら払いましたか）

パターン 15 どのくらい〜ですか

パターン16 ～するでしょう / ～するつもりです

と言いたいときはコレ I'll do ～

なるほど！ こう考えればカンタンに使える

助動詞 will について、3つのことをマスターしましょう。

①単純未来：主語の意志とは関係なく、未来に起こる予定や起こりそうな事について述べる場合の will です。

例： **My son will be** in elementary school next year.
（息子は来年小学生になります）

②話し手の「予想」「推量」「確信」「保証」

例： **It'll rain** tomorrow. （明日は雨になるでしょう）
　　You'll be sorry. （後悔するぞ）

③意志未来：主語（話者）の意志や決定を表すものです。

例： **I'll stop** smoking. （これからは禁煙するつもりです）

すぐにチェック！ ミニ会話

W: Have you submitted your proposal to the manager yet?

M: No, but **I'll do** it this afternoon.

女：もう部長に企画書を提出したの？
男：ううん、でも午後にそうするよ。

> 男性は今の時点ではまだ企画書を提出していませんが、午後には提出するつもりだという「意志」を表しています。そこで、I'll do it（それをするつもりだ）と言っているわけです。

使える！最も使える3例文

① I'll be twenty-five next birthday.

意味 ▶ 私は今度の誕生日で25歳になります。
なるほどポイント！ ▶ これは「単純未来」の例です。自分の意志に関係なく、年齢は時の経過と共にとっていくものだからです。next birthday の前に、on my を入れても構いません。この文を応用すれば、I'll be forty this October.（この10月に私は40歳になります）とも言えますね。

② The plane will arrive on time.

意味 ▶ その飛行機は定刻に到着するでしょう。
なるほどポイント！ ▶ これは話し手の「予想 / 推量 / 確信 / 保証」を表す will の例です。The weather will be fine tomorrow.（明日は良い天気になるでしょう）も同じ用例です。

③ I'll be back in a minute.

意味 ▶ すぐに戻ってきます。
なるほどポイント！ ▶ これは「意志未来」の例です。主語（I）が今話している時点での意志を伝えて、「すぐに戻ってくるつもりです ⇒ すぐに戻ってきます」と言っているわけです。これを応用すれば、I'll be back soon.（すぐに戻ってきます）や I'll be right back.（すぐ戻ります）なども言えますね。

------ ボキャブラリー ------

ミニ会話 □ submit 動 ～を提出する
例文2 □ on time 時間通りに
例文3 □ in a minute すぐに

パターン 16 ～するでしょう / ～するつもりです

パターン 17 〜する予定です

と言いたいときはコレ I'm going to *do* 〜

なるほど！ こう考えればカンタンに使える

be going to *do* 〜の使い方を2つマスターします。

①〜するつもりでいた

話者が話をする前からすでに決定していた**計画**やあらかじめ考えていた**意志**

I'm going to visit Seattle next week.
（来週シアトルに行く予定です）

②〜になる

「**推量**」の意味を表すこともあり、何らかの兆候や現在の状況によって、「〜になる」という**判断**を話者が下すニュアンス

予測 It'll rain tomorrow.
（明日は雨が降るだろう）

推量 **It's going to rain** this afternoon.
（[現在雨雲が見えるので] 昼からは雨が降りそうだ）

すぐにチェック！ ミニ会話

M: Are they engaged?
W: Yes. **They are going to get** married next month.

男：彼らはもう婚約してるの？
女：ええ。彼らは来月結婚するのよ。

女性は彼らが現在婚約中であり、さらに来月結婚する予定であることを知っているため、*be* going to *do* を使って表現しているわけです。

使える！最も使える３例文

① I'm going to buy the book.

意味▶ 私はその本を買うつもりです。
なるほどポイント！▶ すでにその本を買うつもりでいる場合に、このように言います。みなさんも、もうすでにデジカメ、コンピュータ、オートバイなどを買う心の準備ができている場合には、I'm going to buy a digital camera [computer / motorbike]. などのように言うことができますよ。

② We're going to move to Kobe next month.

意味▶ 来月私たちは神戸に引っ越しします。
なるほどポイント！▶ すでに引っ越しの予定が決まっているわけですね。すでに家族で「ドイツに転勤する」ことや「オーストラリアに移住する」ことが決まっている場合にも、このパターンを使えば、We're going to move to Germany [Australia]. と言えます。

③ It's going to snow at any moment.

意味▶ 今にも雪が降りそうな天気です。
なるほどポイント！▶ 空模様を見て、近い将来の推測をしている例です。何らかの兆候にもとづく話し手の主観的な判断を表しています。

ボキャブラリー

- **ミニ会話** □ engaged 形 婚約して
- **ミニ会話** □ get married 結婚する
- **例文3** □ at any moment 今にも、すぐにも（＝ at any minute）

パターン 17 ～する予定です

パターン 18 ～しています

と言いたいときはコレ ▶ 主語 ＋ be動詞 ＋ *doing* ～

なるほど！ こう考えればカンタンに使える

進行形は be動詞 ＋ *doing*（現在分詞）の形式で、「～している」という意味を表します。進行形には主に、**①現在進行形：is / are ＋ *doing*（今～しています）**、**②過去進行形：was / were ＋ *doing*（～していました）**、**③未来進行形：will be ＋ *doing*（～しているところでしょう）** の3つがあります。

現在進行形、過去進行形で最もよく用いられるのが、①と②の **「～している / ～していた」**という**動作の進行**です。

例：**The baby is [was] sleeping.**（赤ちゃんは寝ています［寝ていました］）

すぐにチェック！ ミニ会話

M: **What is Tim doing?**
W: **He's cleaning his room now.**

男：ティムは何をしてるんだい？
女：彼は今、部屋の掃除をしてるわ。

> 現在進行形は今起きている進行中の動作・出来事を表すものなので、状態を表す動詞（live / keep）や知覚を表す動詞（see / hear）、思考を表す動詞（want / know）などは原則として使えません。

使える！ 最も使える３例文

① She's cooking dinner now.

意味▶ 彼女は今、夕食を作っています。
なるほどポイント！▶ 「動作の進行」を表す現在進行形の例です。このタイプの進行形が会話の中で最も用いられます。**例**：He's watching TV now.（彼は今テレビを見ています）now は無くてもよいですが、あるとよりわかりやすくなります。

② He's always complaining.

意味▶ 彼はいつも愚痴っています。
なるほどポイント！▶ 「現在の反復的な動作」を表す例です。文末に about をつけて、He's always complaining about his boss.（彼はいつも上司のことを愚痴っています）や He's always complaining about everything.（彼はいつも何にでも文句を言っています）とも言えます。

③ My wife is having a baby in July.

意味▶ 妻は７月に子供が産まれます。
なるほどポイント！▶ 「近い未来の予定」を表す例です。すでに出産予定日がわかっているため、現在進行形で未来を表せるわけです。

パターン 18 ～しています

パターン19 ～されます / ～されました

と言いたいときはコレ → 主語 ＋ be動詞 ＋ 過去分詞

なるほど！ こう考えればカンタンに使える

受動態は be動詞 ＋ 過去分詞 の形式で、「～される」の意味を表します。**Paul painted the door.**（ポールはドアにペンキを塗りました）は動作主を主題にした能動態です。これを受動態にするには、**The door** を主語にして動詞を be動詞 ＋ 過去分詞 に変えて、文末を **by＋** 動作主 で終わればよいので、**The door was painted by Paul.**（ドアはポールによってペンキを塗られました）となります。

ただし、動作主が明らかである場合や動作主が一般の人々である場合には、**by＋** 動作主 は省略されます。

例：**English is spoken** in New Zealand.（ニュージーランドでは英語が話されます）

すぐにチェック！ ミニ会話

M: **Excuse me. Is this seat taken?**
W: **No, go ahead.**

男：すみません。この席、どなたか座ってますか（空いてますか）。
女：いいえ、どうぞ。

> Is this seat taken? は「この席は（誰かに）取られていますか ⇒ この席、空いていますか」の意味です。Is someone [anyone] sitting here? や Are you expecting someone? と表現することもできます。

使える！ 最も使える3例文

① I'm completely satisfied with the result.

意味 私はその結果にまったく満足しています。
なるほどポイント！ 「感情・心理状態」を表す受動態は、by 以外の前置詞を使うものが多いです。be satisfied with ~（~に満足する）の他に、be excited about ~（~にわくわくする）、be shocked at ~（~にショックを受ける）、be scared of ~（~を怖がる）などがあります。

② Many people were killed in the plane crash.

意味 多くの人がその飛行機の墜落事故で亡くなりました。
なるほどポイント！ 事故や戦争などで人が亡くなる場合、受動態を使うときには「殺された」と英語では考えます。例：The soldier was killed in the war.（その兵士は戦死しました）

③ He was caught speeding last night.

意味 彼は昨晩スピード違反で捕まりました。
なるほどポイント！ 動作主が警察ということが明白なので、〈by＋動作主〉が消えています。for をつけて、He was caught for speeding last night. と言ってもOKです。最近は、He [She] was arrested for drugs.（彼［彼女］は麻薬で逮捕されました）というニュースが日本では多いですね。

ボキャブラリー

例文2 □ plane crash　飛行機の墜落事故
例文3 □ speeding　名　スピード違反

パターン 19 ~されます / ~されました

パターン20 〜があります / 〜がいます

と言いたいときはコレ → There + be動詞 + 主語

なるほど！ こう考えればカンタンに使える

文頭の **There** は**形式主語**なので、弱く発音します。**There** の後には、**be動詞（is / are / was / were など）+ 主語** が来ます。**be動詞**の部分に **have / has been** が来ることもあります。

主語の部分には、初めて話題にのぼる「不定の名詞」（**the** が付かない名詞）を置かなければなりません。よって、**There's a pen on the desk.** は OK であっても、**There's the pen on the desk.** や **There's your pen on the desk.** は誤りということになります。これらの場合は、**The pen is on the desk.** や **Your pen is on the desk.** と言わなければなりません。

すぐにチェック！ ミニ会話

M: **Is there a drugstore** around here?
W: **Yes, there's one** down the road.

男：この辺りに薬局はありますか。
女：はい、この道を行くとありますよ。

around here の代わりに、near here や nearby を使っても OK です。down the road（この道の先に）の代わりに、a little farther on（もう少し行った所に）を使うこともできます。

使える！最も使える3例文

① There is a great steakhouse in the hotel.

意味 そのホテルにはすごくいいステーキ屋があります。
なるほどポイント！ There is 〜のパターンを使って、「どこどこに〜がある」を自由に表現してみましょう。街に出れば、bookstore（書店）、restaurant（レストラン）、cafe（カフェ）、department store（デパート）などいろいろと興味深い所がありますよね。

② There were a lot of people at the mall yesterday.

意味 昨日モールには多くの人がいました。
なるほどポイント！ 具体的な数字を用いたい場合には、There were about 30 people at the meeting.（会議には約30名の人がいました）などと言えばよいですね。人を主語にしたThere構文は、会話の中で実に頻繁に用いられます。

③ There have been many accidents at this intersection.

意味 この交差点では多くの事故が起きています。
なるほどポイント！ 現在完了を用いたThere構文の例です。ここは主語がaccidents（複数名詞）なので、There has beenではなく、There have beenとなっていることを確認しておきましょう。

ボキャブラリー

ミニ会話 □ drugstore 名 薬局
例文2 □ mall 名 ショッピングモール
例文3 □ intersection 名 交差点

パターン20 〜があります / 〜がいます

パターン 21 〜したいなあ

と言いたいときはコレ **I want to *do* 〜**

なるほど！ こう考えればカンタンに使える

I want to *do* 〜（〜したいなあ / 〜したいよ）は、自分の「**強い願望**」を直接的に述べる表現です。「あんなことしたいなあ / こんなことしたいなあ」という気持ちを**カジュアルに述べる表現**なのです。よって、家族や友達の間では使いますが、目上の人やあまり親しくない人に対しては使いません。親しくもない間柄で使えば、「大人のくせに子供っぽい人だ」というネガティブな印象を与えてしまうことになります。

I want to *do* 〜の丁寧な言い方は、**パターン 22** の **I'd like to *do* 〜**で扱います。日常会話では、**want to** の部分は省略されて、**wanna**（ワナ）のように発音されることが多いので慣れておきましょう。

すぐにチェック！ ミニ会話

M: What **do you want to eat** for lunch, Ann?
W: Well, how about some Italian food?

男：アン、昼食に何を食べたい？
女：そうねえ、イタリアンはどう？

男性の What do you want to eat for 〜? はそのままの形で覚えておきましょう。〜の部分には、breakfast、lunch、dinner が来ます。eat の代わりに have を使っても OK です。

使える！ 最も使える3例文

① I want to be a pilot.

意味 パイロットになりたいな。
なるほどポイント！ 幼いとき、「大きくなったら何になりたい？」(What do you want to be when you grow up?) と聞かれたことがありますよね。その答えとして、I want to be ～のパターンは便利です。～の部分に、a doctor（医師）や a firefighter（消防士）などを入れて答えるわけです。

② I want to have steak for dinner.

意味 夕食はステーキが食べたいよ。
なるほどポイント！ 夫婦、家族、あるいは友達との会話と考えてください。「今日の夕食は○○を食べたい」というときには、I want to have ～ for dinner. のパターンを使って、～の部分に spaghetti（スパゲティー）、pizza（ピザ）、sushi（寿司）などを入れて練習してみましょう。

③ I want to change jobs.

意味 転職したいよ。
なるほどポイント！ 「転職をする」は、今の仕事を辞めて、次の仕事に移るということなので、job は複数形にて jobs とします。「電車を乗り換える」を change trains と言うのとよく似ています。あるいは単数形の job を使って、I want to change my job. と言うこともできます。

パターン21 ～したいなあ

パターン 22 ～したいです

と言いたいときはコレ **I'd like to *do* ～**

なるほど！ こう考えればカンタンに使える

パターン21 の **I want to *do* ～**（～したいなあ）は自分の願望を直接的に表す表現でしたが、**I'd like to *do* ～**（～したいです／～したいと思います）は**申し出や願望・希望を丁寧かつ控えめに表す表現**です。

I'd like to *do* ～ の **I'd** は、**I would ［should］の省略形**です。日常会話では **I would like to *do* ～** は用いられますが、**I should like to *do* ～** はほとんど用いられません。

I'd like to *do* ～ はそもそも**仮定法**の1つであり、「もしもできることなら、～したいです」という気持ちを表すため、**相手が誰であっても使える万能表現**だと言えます。

すぐにチェック！ ミニ会話

W : For how many nights?
M : I'd like to stay for three nights.

女：何泊のお泊まりでしょうか。
男：3泊したいのですが。

> ホテルの予約あるいはチェックインの際の会話です。女性は For how many nights? と言っていますが、How long would you like to stay? と聞く人もいます。

使える！最も使える3例文

① I'd like to try this on.

意味 これを試着したいのですが。
なるほどポイント！ 服を買うときに客が店員に聞く決まり文句が、I'd like to try this on. です。もちろん、May I try this on? と言うことも可能です。なお、ズボンや靴などは複数で扱うので、I'd like to try these on. や I'd like to try them on. となります。

② I'd like to make a reservation for five next Sunday.

意味 今度の日曜日に5人で予約をお願いしたいのですが。
なるほどポイント！ 何でも予約を入れたい場合には、I'd like to make a reservation for ~（~を予約したいのですが）が便利です。**例**：I'd like to make a reservation for a single room for two nights from November 8.（11月8日からの2晩、シングルを1部屋予約したいのですが）

③ I'd like to have a window seat.

意味 窓側の席をお願いします。
なるほどポイント！ 飛行機の席を希望するときによく使う決まり文句です。「通路側の席」を希望する場合には、I'd like to have an aisle seat. と言います。また、「席の変更」を希望する場合には、I'd like to change my seat. と言います。

パターン22 ～したいです

パターン23 〜していただきたいのですが

と言いたいときはコレ **I'd like you to *do* 〜**

なるほど！ こう考えればカンタンに使える

I'd like you to *do* 〜は、特定の相手に「〜してほしい」という気持ちを丁寧に表す表現です。例えば、**I'd like to do it now.**（私はそれを今やりたいです）と **I'd like you to do it now.**（私はあなたにそれを今やってほしいのです）の文を比較してみると、違いがはっきりとわかります。形としては、**I'd like＋人＋to 不定詞**（…に〜してほしいのですが／…に〜していただきたいのですが）となります。

want も同様に、後に代名詞（または名詞）をつけて、**I want you to *do* 〜**（あなたに〜してほしい）のように **want＋人＋to 不定詞**（…に〜してほしい）の形を取ります。

すぐにチェック！ ミニ会話

M: **I'd like you to tell me the truth.**
W: **Okay. I'll tell you everything.**

男：あなたに本当のことを言ってほしいのです。
女：わかりました。すべてをお話しします。

> I'd like you to tell me the truth. は「あなたに真実を言ってほしいのです」という意味です。それに対して、「では、すべてをお話ししましょう」ということで、I'll tell you everything. と言うわけです。

最も使える３例文

① I'd like you to meet my friend, Andy.

意味 ▶ 友達のアンディーを紹介します。
なるほどポイント！ ▶ この文は、「私はあなたに私の友達のアンディーに会ってほしいと思います」が直訳です。自然な日本語にすれば「友達のアンディーを紹介します」となりますね。もちろん、カジュアルな表現が使える間柄であれば、I want you to meet my friend, Andy. と言っても OK です。

② I'd like you to come with me.

意味 ▶ あなたに一緒に来てほしいのですが。
なるほどポイント！ ▶ １人で行くのに心細いときや、一緒に行ければ楽しいなと思うとき、こんな風に言うとよいですね。一緒に買い物に行ってほしい場合には、I'd like you to go shopping with me. と言えば OK です。

③ I'd like him to show me around.

意味 ▶ 彼に辺りを案内してほしいのですが。
なるほどポイント！ ▶ I'd like you to do ～ の you の部分を him だけでなく、her、them などにも変えて練習してみましょう。「特定の人に～してほしい」という依頼の気持ちを丁寧に表します。

───(ボキャブラリー)───

例文3 □ show ～ around ～を案内する

パターン 23　～していただきたいのですが

パターン24 〜と思います

と言いたいときはコレ **I think (that) 〜**

なるほど！ こう考えればカンタンに使える

強い断定を避けつつも、自分の意見をはっきりと述べる場合に、最もよく用いられるのが **I think (that) 〜** のパターンです。**think** の後には **that** 節が目的語として来ますが、**that** 自体は日常会話ではしばしば省略されます。**that** を使うと少しかしこまった感じになります。

さらに、**think** の前に **would** や **should** を入れて **I'd think (that) 〜** と言うと、少し遠回しで控えめな表現となります。

すぐにチェック！ ミニ会話

W: **What are your plans after graduation?**
M: **Well, I'm not sure, but I think I'll go on to graduate school.**

女：卒業後はどうしますか。
男：そうですねえ、はっきりとはわかりませんが、大学院に行くと思います。

---

after graduation は、after graduating from college や after you finish college と言っても OK です。I'm not sure, but I think 〜は「よくわかりませんが、〜だと思います」くらいの意味です。

使える！ 最も使える3例文

① I think you should do it.

意味▶ 君はそれをやるべきだと思うよ。
なるほどポイント！▶ 相手に「それはやった方がいいよ」とアドバイスをする場合の表現です。I think は文末につけることも可能なので、You should do it, I think. とも言えますが、どちらかといえば I think は先に持ってくる方が自然です。

② I think the boss liked your proposal.

意味▶ ボスはあなたの提案を気に入ったと思いますよ。
なるほどポイント！▶ that 節以下は過去形になっています。過去のことについて言及するときにも、この I think ～が使えるわけです。I think ～の後には、現在形も過去形も未来形も来ます。

③ I think such exercise will be good for you.

意味▶ そういう運動はあなたの健康によいと思いますよ。
なるほどポイント！▶ that 節以下が未来形になっている例です。good for you だけで「あなたの健康によい」を意味します。good for your health と言わなくても、このような文脈では good for you だけで当然「あなたの健康によい」ということはわかるので、よりネイティブらしい英語だと言えます。

ボキャブラリー

ミニ会話 □ graduate school　大学院
例文2 □ proposal　名　提案、企画書

パターン24 ～と思います

パターン 25 〜と思います

と言いたいときはコレ I believe [feel / suppose / guess] (that) 〜

なるほど！ こう考えればカンタンに使える

I think (that) 〜は、はっきりと意思表示をしつつ**「私は〜と思います / 私の考えは〜です」**の意味を表すことを、**パターン 24** で学習しました。ここでは、同じ「〜と思います」でも、少しニュアンスの違う動詞を使って気持ちを的確に表す練習をします。特に **believe**、**feel**、**suppose**、**guess** の４つの語のイメージをつかみましょう。

* **believe**（〜と強く思う、信じる）＝確信
* **feel**（〜と何となく思う、感じる）＝ **think** より控えめ
* **suppose**（〜と考える）＝何らかの主観・思考にもとづく推測
* **guess**（〜と思える）＝確かな根拠はない推量

すぐにチェック！ ミニ会話

W : How's the new employee, Mr. Meyers, doing?
M : He's exceptional. **I believe** he'll be a great asset.

女：新入社員のマイヤーズさんはどう？
男：うん、彼はすごいよ。彼なら貴重な戦力になってくれると思うよ。

> 男性は、単に I think 〜 とは言わず、I believe 〜と言っています。新入社員への期待と信頼が、言葉から感じ取れますね。

使える！最も使える３例文

① I feel the economy will recover soon.

意味 経済はすぐに回復すると思います。
なるほどポイント！ feel は、日本語の「軽い気持ち」で言うときの「〜と思う」に最も近い語でしょう。think や believe には意思表示の強さのニュアンスがありますが、feel は根拠の弱い（何となく雰囲気・感覚でものを言っている）ニュアンスがあるため、穏やかで控えめな感じに聞こえます。

② I suppose we have no other choice.

意味 どうしようもないと思います。
なるほどポイント！ suppose は think より軽く、はっきりとした確信や根拠はないけれど、推測をしてみると「〜のように思える」というときに使われます。

③ I guess she is in her late thirties.

意味 彼女は30代後半だと思います。
なるほどポイント！ guess は suppose よりさらに軽く、確信や根拠がないまま見当をつけるときや当て推量をするときに使われます。in her late thirties は「30代後半で」の意味です。「30代前半で」であれば in her early thirties、「30代で」であれば in her thirties と言います。

ボキャブラリー

ミニ会話 □ exceptional 形 並外れた
ミニ会話 □ asset 名 資産、財産
例文2 □ have no (other) choice 仕方がない、やむを得ない、選択肢がない

パターン 25 〜と思います

パターン 26 〜ではないと思います / 〜とは思いません

と言いたいときはコレ I don't think (that) 〜

なるほど！ こう考えればカンタンに使える

日本語の「〜ではないと思います / 〜とは思いません」は、英語では **I don't think (that)** 〜で表現します。「明日雨は降らないと思います」であれば、**I don't think** it'll rain tomorrow. と言うわけです。I think it won't [= will not] rain tomorrow. は絶対に間違いとは言えませんが、通常そのような言い方をすることはありません。

一方、**hope**（〜と願う）、**wish**（〜と望む）、**trust**（〜と信じる）や **be afraid**（〜ではないかと思う）などは、動詞の後に続く **that** 節を否定形にするのが普通です。例：**I hope it won't rain tomorrow.**（明日雨が降らなければよいのですが）

すぐにチェック！ ミニ会話

M: Excuse me, but **I don't think** this is what I ordered.
W: Oh, I'm sorry. I'll bring you your food right away.

男：すみません、これは私が注文したものと違うと思うのですが。
女：あら、すみません。すぐにお客様のお食事をお持ちいたします。

> 男性客の注文とは違うものが出されたようです。100％の確信があれば、断定的に Excuse me, this is not what I ordered. と言っても OK です。I don't think 〜を使えば、語調が柔らかくなるのです。

使える！最も使える3例文

① I don't think it was your fault.

意味 それはあなたのせいではないと思います。

なるほどポイント！ It was not your fault. と断定をせずに、I don't think 〜を用いると、I don't think it was your fault. となります。that 節は否定形にしない、それがルールですね。I don't think 〜の後には現在形だけでなく、過去形、未来形など、どの時制が来ても構いません。

② I don't think I can make it tonight.

意味 今夜は都合がつかないと思います。

なるほどポイント！ パーティーや食事に招待されたのに、都合がつかないときに使える表現です。make it には「都合をつける、何とか出席する」の他、「時間に間に合う」という意味もあります。I don't think you can make it. は「（乗り物に）間に合わないと思いますよ」を意味することもあるのです。

③ I don't think we have met before.

意味 お会いするのは初めてですね。

なるほどポイント！ 自己紹介のときの前置きに使える表現です。いろんな応用が利きます。例えば、時に Have we met before?（以前お会いしましたっけ？）と聞かれることがありますが、そんなときには No, I don't think we have.（いいえ、お会いしたことはないと思います）と言えば OK です。

ボキャブラリー

ミニ会話 □ right away　すぐに
例文1 □ fault　名　責任、過ち

パターン26　〜ではないと思います / 〜とは思いません

パターン27 〜をありがとうございます

と言いたいときはコレ Thank you for 〜

なるほど！ こう考えればカンタンに使える

Thank you for 〜 は「**〜をありがとうございます / 〜してくれてありがとうございます**」の意味で、お礼の最も一般的な表現です。文頭には、**I**（私）、つまり感謝を表す本人の**I**が省略されています。〜の部分には、**名詞**や**動名詞**が来ます。感謝の気持ちをもっと表したい場合には、**Thank you very much for 〜** と言います。

〜の部分が明白な場合には、簡単に **Thank you.** や **Thanks (a lot).** と言えばOKです。特に家族・友人・知人への「**ありがとう**」という軽いお礼には、**Thank you.** よりもカジュアルな **Thanks.** の方が使用頻度が高いので、どんどん使ってみましょう。

すぐにチェック！ ミニ会話

W: **Thank you for** your hospitality.
M: You're most welcome.

女：おもてなしをありがとうございました。
男：どういたしまして。

Thank you for your hospitality. に対する「どういたしまして」は、You're welcome. でもOKですが、You're quite welcome. の方が、そしてさらに You're most welcome. の方が丁寧な表現となります。

使える！最も使える３例文

① Thank you for your help.

意味 ▶ 手伝ってくれてありがとう。

なるほどポイント！ ▶ いろいろと親切に助けてくれた相手に感謝を述べるのに、使われる表現です。もちろん、Thank you very much for your help. と言ってもOKです。very much の部分を so much と言うこともあります。どちらかと言うと、so much は男性よりも女性の方が好んで用います。

② Thanks for asking.

意味 ▶ お気遣いありがとう。

なるほどポイント！ ▶ Thanks for asking. は「体調はその後どう？」と声をかけてくれた友達に対して、カジュアルに感謝を表すのにピッタリの返答です。食事などに誘われた場合にも、Maybe some other time. Thanks for asking.（またの機会にね。誘ってくれてありがとう）のように使えます。

③ Thank you for everything.

意味 ▶ いろいろとありがとうございました。

なるほどポイント！ ▶ 相手がお世話してくださったことに対して、お礼を述べる表現です。日本語ではよく「何から何まで本当にお世話になり、ありがとうございました」と言いますが、それに近いニュアンスの表現です。Thank you for all you've done. と言っても同じ意味を表します。

--- ボキャブラリー ---

ミニ会話 □ hospitality 名 手厚いもてなし、歓待

パターン27 〜をありがとうございます

パターン 28 〜をすみません

と言いたいときはコレ I'm sorry 〜

なるほど！ こう考えればカンタンに使える

　一番簡単な謝罪表現は、**Sorry.（すみません / 失礼しました）**です。about 〜がついた形の **Sorry about that.（そのことはごめんなさい）**も日常会話ではよく耳にします。**Sorry** の前に **I'm** をつけて、**I'm sorry 〜**とすると、**よりかしこまった一般的な謝罪表現**になります。

```
            〜をすみません / 〜してごめんなさい

I'm sorry + ┌ for + 名詞 / 動名詞
            ├ that 節
            └ to 不定詞  ┌ ＊現在していることが対象
                         │   to do
                         └ ＊すでにしてしまったことが対象
                             to have + 過去分詞
```

すぐにチェック！ ミニ会話

Ⓜ：**I'm sorry** to have kept you waiting.
Ⓦ：Oh, don't be. I just got here a minute ago myself.

男：お待たせして申し訳ございません。
女：いえいえ、気にしないでください。私もちょっと前に着いたばかりですから。

> I'm sorry to have kept you waiting. は、sorry の後が〈to have ＋ 過去分詞〉の形なので、すでにしてしまったことについての謝罪となります。Oh, don't be. の be の後には sorry が省略されています。

使える！最も使える3例文

① I'm sorry for the inconvenience.

意味 ご迷惑をおかけしてすみません。

なるほどポイント！ これは会話だけでなく、ビジネスレターでもよく用いられる表現です。I'm sorry for the trouble. と言っても同じ意味を表します。

② I'm sorry I'm late.

意味 遅れてすみません。

なるほどポイント！ 友達同士であれば、Sorry I'm late. でも構いません。「遅れてすみません」を、I'm sorry to be late. や I'm sorry for being late. と言う人がいますが、到着時点での謝罪としてはお勧めできません。遅刻への謝罪は、できるだけ I'm sorry I'm late. を使うようにしましょう。

③ I'm sorry to interrupt you.

意味 お邪魔してすみません。

なるほどポイント！ 相手が取り込み中に「割り込む、邪魔する」ときに使う決まり文句です。but をつけた I'm sorry to interrupt you, but ～もよく用いられます。例：Sorry to interrupt you, but may I ask you a question?（お邪魔してすみませんが、質問してよろしいでしょうか）

ボキャブラリー

例文1 □ inconvenience 名 迷惑、面倒、不都合

パターン28 ～をすみません

パターン29 すみませんが〜

と言いたいときはコレ → Excuse me, but 〜

なるほど！ こう考えればカンタンに使える

Excuse me, but 〜 は、「(ちょっと) すみませんが〜 / 失礼ですが〜」の意味を表します。見ず知らずの人に何かを尋ねるときや、通る場所を空けてほしいとき、中座するときなどによく用いるパターンです。Excuse me の後の but は、ほとんど意味を持たず、一息入れるくらいの働きしかありません。よって、but は省略してもよいのですが、but があれば**少し優しいニュアンス**を出せます。

ちなみに Excuse me. だけであれば、人込みをかきわけて行くときや人前でゲップをしてしまったときなどに**「すみません」という軽い謝罪**として使われます。

すぐにチェック！ ミニ会話

M : Excuse me sir, but this is a nonsmoking area.
W : Oh, I'm sorry. I didn't know that.

男：すみませんが、ここは禁煙席ですよ。
女：ああ、すみません。それは知りませんでした。

> 日本語では同じ「すみません」でも、ここの Excuse me. と I'm sorry. はまったく違います。Excuse me. は「すみません＝ちょっといいですか」、I'm sorry. は謝罪の「すみません＝ごめんなさい」という意味ですね。

使える！最も使える3例文

① Excuse me, but where is the restroom?

意味 すみませんが、お手洗いはどこですか。

なるほどポイント！ イギリスではトイレを探すときには toilet という語を使ってもよいみたいですが、アメリカ英語では、Where is the toilet? は便器を連想させるので使われません。アメリカでは、公共のトイレであれば restroom、そして家のトイレであれば bathroom と覚えておきましょう。

② Excuse me, but do you have the time?

意味 すみませんが、今何時かわかりますか。

なるほどポイント！ 定冠詞 the に要注意です。Do you have the time? は「今何時ですか」、Do you have time? は「時間がありますか / 今よろしいですか」の意味で、まるっきり違うからです。Do you have the time? の代わりに、What time do you have? と言うこともできます。

③ Excuse me, but may I ask you a question?

意味 すみませんが、質問してもよろしいですか。

なるほどポイント！ 突然相手に May I ask you a question? と聞くと、つっけんどんな感じに聞こえることがあります。しかし Excuse me, but 〜をつければ、ワンクッションを入れて丁寧な質問になるので理想的です。Excuse me, but I have a question for you. も同じように使われます。

ボキャブラリー

ミニ会話 ☐ nonsmoking area 禁煙席、禁煙区域

パターン29 すみませんが〜

パターン30 それはそうですが〜

と言いたいときはコレ → That's true, but 〜

なるほど！ こう考えればカンタンに使える

That's true, but 〜 は「**それはそうですが〜 / まあ確かにそうですけど〜**」の意味を表します。相手の指摘を事実として認めつつも、自分の主張はそれとは違う、という場合に用いる表現です。相手の指摘に対して、**That's true** と言いたくない場合は、**That might be true, but 〜（それはそうかもしれませんが、〜）** と言っても構いません。

いずれにしても、**but** 以下に自分の意見や思いをはっきりと述べる必要があります。例：**That's true, but I think it's worth it.**（確かにそうですが、それだけの価値はあると思います）

さらに、**That's** の部分を省略して、**True, but 〜** とくだけた言い方をすることもあります。

すぐにチェック！ ミニ会話

W: Steve is very bright and energetic.
M: That might be true, but at the same time he's rather cold.

女：スティーブはとても頭が良くて、エネルギッシュね。
男：そうかもしれないけど、同時にかなり冷たい奴だよ。

> 男性の発言には、That's true の代わりに That might be true が用いられています。but の後の at the same time は、That's true, but at the same time 〜の形でしばしば用いられます。

使える！最も使える3例文

① That's true, but there is still another problem.

意味 確かにそうですが、まだもう1つの問題が残っています。
なるほどポイント！ 相手の言うことをある程度認めつつも、それでは解決策にならないということをはっきりさせておきたい場合に使える文です。

② That's true, but we should be more realistic.

意味 それはそうですが、私たちはもっと現実的になるべきです。
なるほどポイント！ 相手に素晴らしい提案を出されたとしても、それが非現実的であり、達成不可能なものであれば、このように意見を述べるとよいでしょう。

③ True, but it might be much more difficult than you think.

意味 まあそうですが、それは想像よりもずっと難しいかもしれませんよ。
なるほどポイント！ That's true, but ～の That's の部分を省略して、True, but ～とくだけた言い方をすることもあります。much は比較級の前につけて強調する副詞で、「ずっと、はるかに」の意味を表します。much の代わりに、a lot を使うことも可能です。

ボキャブラリー

ミニ会話 □ bright 形 頭の良い、頭の切れる
ミニ会話 □ energetic 形 エネルギッシュな、精力的な
例文2 □ realistic 形 現実的な、実際的な

パターン 30 それはそうですが～

復習テスト ①

ここまで学んだ30のパターンを、しっかりマスターできたかどうか確認してみましょう。
- 見開き2ページでワンセットです。左ページの日本語を英語にできるか言ってみましょう。
- 答えは右ページにあります。

---

1 どうぞおくつろぎください。

2 気にしないで。

3 急ぎなさい、そうしないと遅れますよ。

4 仕事は何をされていますか。

5 一番好きな歌手は誰ですか。

6 この傘は誰のですか。

7 どこで会いましょうか。

8 彼はいつ休暇から戻りますか。

9 空港行きのバスはどれですか。

10 それはどのようにつづりますか。

答えられなかった場合は本編でもう一度復習しましょう。

1	Please make yourself at home.	パターン1
2	Never mind.	パターン2
3	Hurry up, or you'll be late.	パターン3
4	What do you do for a living?	パターン4
5	Who is your favorite singer?	パターン5
6	Whose umbrella is this?	パターン6
7	Where shall we meet?	パターン7
8	When is he coming back from vacation?	パターン8
9	Which bus goes to the airport?	パターン9
10	How do you spell it?	パターン10

11 どうしてそんなことを言うのですか。

12 どんな種類の音楽が好きですか。

13 地球温暖化についてどう思いますか。

14 マレーシアの料理ってどんな感じですか。

15 そのホテルまで距離はどのくらいありますか。

16 すぐに戻ってきます。

17 来月私たちは神戸に引っ越しします。

18 彼女は今、夕食を作っています。

19 私はその結果にまったく満足しています。

20 昨日モールには多くの人がいました。

復習テスト①

11 **Why** do you say that? 　　　　　　　　　　　パターン 11

12 **What kind of music** do you like? 　　　　　　　パターン 12

13 **What do you think of** global warming? 　　　　パターン 13

14 **What's** the food in Malaysia **like**? 　　　　　　パターン 14

15 **How far** is it from here to the hotel? 　　　　　パターン 15

16 **I'll be** back in a minute. 　　　　　　　　　　　パターン 16

17 **We're going to move** to Kobe next month. 　　パターン 17

18 **She's cooking** dinner now. 　　　　　　　　　　パターン 18

19 **I'm** completely **satisfied** with the result. 　　　　パターン 19

20 **There were a lot of people** at the mall yesterday. 　パターン 20

21 転職したいよ。

22 これを試着したいのですが。

23 あなたに一緒に来てほしいのですが。

24 君はそれをやるべきだと思うよ。

25 経済はすぐに回復すると思います。

26 今夜は都合がつかないと思います。

27 手伝ってくれてありがとう。

28 遅れてすみません。

29 すみませんが、今何時かわかりますか。

30 それはそうですが、我々はもっと現実的になるべきです。

復習テスト①

21 **I want to change** jobs. — パターン 21

22 **I'd like to try** this on. — パターン 22

23 **I'd like you to come** with me. — パターン 23

24 **I think** you should do it. — パターン 24

25 **I feel** the economy will recover soon. — パターン 25

26 **I don't think** I can make it tonight. — パターン 26

27 **Thank you for** your help. — パターン 27

28 **I'm sorry** I'm late. — パターン 28

29 **Excuse me, but** do you have the time? — パターン 29

30 **That's true, but** we should be more realistic. — パターン 30

読者のみなさん、前半戦お疲れさまでした。

ネイティブが言葉を発するときも、こうしたパターンがまず頭に浮かぶのかな？

というか、ネイティブの場合は、無意識的に頻出パターンを使っているわけだけどネ。日本人も同じように、最頻出パターンをマスターすれば、自分の考えを相手にどんどん伝えることができるようになる。

本書で紹介する84パターンはお馴染みのものばかりだから、日常会話、海外旅行、ビジネスなど、どんな場面でも応用できるよね。

That's right! 世界のどこに行っても通じる英語だからネ。

みなさん、このあとの後半部分にも、実際の英会話場面で役に立つパターンが続々登場します。頑張ってマスターしてくださいね。

第2部

頻出!
これが言いたい
54パターン

パターン 31

〜ができます / 〜してもいいです

と言いたいときはコレ → You can do 〜

なるほど！ こう考えればカンタンに使える

助動詞 **can** について、ここでは①「能力」「可能性」を表す can（〜できる）と②「許可」を表す can（〜してもよい）を扱います。

①「能力」「可能性」の can

「能力」
He can play the guitar.
（彼はギターを弾けます）

「可能性」
I think you can ski today.
（昨日までは雪が少なかったけど、今朝は随分積もっているようだから、今日はスキーができると思うよ）

②「許可」の can

You can use my bike.
（私の自転車を使ってもいいですよ）

You can count on me.
（私を当てにしていいですよ ⇒ 任せてください）

すぐにチェック！ ミニ会話

M : **Do you think I can pass the bar exam next year?**
W : **Yes, I think you can. But it depends on your efforts.**

男：僕は来年司法試験に合格すると思う？
女：ええ、あなたならできると思うわ。でも、あなたの努力次第よ。

男性、女性共に「可能性」を表す can を使っていますね。

使える！ 最も使える3例文

① You can do it.

意味 やればできるよ。

なるほどポイント！ 相手を励ますために「やればできますよ / 君ならできるよ / 大丈夫だから頑張って」と言いたいときに使えるのが、You can do it. です。会話の中で最も頻繁に使われる決まり文句の1つです。人間には「成せばなる精神」（can-do spirit）が必要ですね。

② You can say that again.

意味 あなたのおっしゃる通りです。

なるほどポイント！ You can say that again. は直訳すると、「あなたはそれをもう1度言ってもよい」ということですが、「あなたのおっしゃる通りです / まったくその通りです / いいこと言いますねえ」の意味を表す決まり文句です。相手の発言に賛成・賛同するときに用います。

③ We'll be able to enjoy cherry-blossom viewing in a few weeks.

意味 2、3週間もすれば、私たちは花見を楽しむことができるでしょう。

なるほどポイント！ can は他の助動詞の後に置くことはできません。そこで、can を be able to にして、will be able to の形にします。will と can はどちらも助動詞なので、つなげることができないのです。

ボキャブラリー

ミニ会話 □ bar exam　司法試験
ミニ会話 □ depend on ～　～次第である
例文3 □ cherry-blossom viewing　花見、桜狩り

パターン31　～ができます / ～してもいいです

パターン 32 ～してもいいですよ / ～かもしれません

と言いたいときはコレ → You may do ～

なるほど！ こう考えればカンタンに使える

助動詞 **may** について、ここでは①**「許可」**（～してもよい）と②**「推量」**（～かもしれない）の2つをマスターしましょう。

①「許可」の may

You may go now.（もう帰っていいですよ）

目上の人が目下の人にものを言うケースがほとんどです。口語で親しい人に **You may do** ～ を使うと、尊大、横暴な感じを与えることがあるので、**You can do** ～ の方が好んで用いられます。

②「推量」の may

You may feel lonely abroad.（海外では寂しくなるかもしれませんね）

may だけでなく、**might** も「推量」や「可能性」を表します。**might** については、〈実力 UP キワメル編〉の **パターン 21** で詳しく扱います。

すぐにチェック！ ミニ会話

M: **Do you think Chad is coming tonight?**
W: **I don't know. He may come, or he may not.**

男: チャドは今晩来ると思う？
女: よくわからないわ。来るかもしれないし、来ないかもしれないし。

女性は He may come, or he may not. と言っています。これは「～かもしれない」の「推量」を表す may の用法です。推量を表す場合、may は肯定文または否定文だけに用いられることを覚えておきましょう。

使える！最も使える3例文

① You may sit here.

意味 ここに座ってもいいですよ。
なるほどポイント！ 目上の人が目下の人に言っている「許可」を表す例と考えればよいでしょう。友達に対して、あるいは見知らぬ人に対してであれば、You can sit here. と言う方が普通です。教会ではよく牧師が信徒に対して、You may be seated.（みなさん、お座りください）と言います。

② You may apply if you are over 18 years of age.

意味 18歳を超えていれば、申し込むことができます。
なるほどポイント！ 「○○歳を超えていれば〜できる」と言う場合、よく You may do 〜のパターンが用いられます。これは明らかに規定（ルール）によって、相手に「許可」を与えている例です。よって、You may qualify if 〜（〜であれば、資格が与えられます）なども言えるわけです。

③ You may lose everything if you do that.

意味 そんなことをすれば、すべてを失ってしまうかもしれません。
なるほどポイント！ これは「推量」「可能性」を表す may の用法です。「そんなことをすれば、実際どうなるかはわからないけども、すべてを失う可能性がありますよ」というニュアンスです。

パターン32 〜してもいいですよ / 〜かもしれません

パターン33 ～すべきです / ～する方がいいですよ

と言いたいときはコレ → You should *do* ～

なるほど！ こう考えればカンタンに使える

中学生のとき、**should** は**「～すべきだ」**という**「義務」「必要」**を表す助動詞と覚えましたね。例：**Children should obey their parents.**（子供は親の言うことに従うべきです）

しかし、**should** には**「強い勧め」「助言」**の意味もあります。日本語の**「～する方がいいです / ぜひ～してみてよ」**のニュアンスになります。主語にはすべての人称を用いることができますが、特に2人称のときにそのニュアンスが顕著に出ます。例：**You should get some rest.**（あなたは少し休んだ方がいいよ）

should はその行為が「望ましい」ことを表すものなので、**must（～しなければならない）**のような強制的・命令的なニュアンスはありません。

すぐにチェック！ ミニ会話

M: I'm interested in medieval European history.
W: Well then, **you should see** this movie.

男：僕は中世のヨーロッパ史に興味があるんだ。
女：それなら、この映画を見るべきだわ。

> You should see ～は「～を見るべきです / ～を見るといいよ」と何かを勧めるときに便利な表現です。

使える！最も使える3例文

① You should stop smoking.

意味 ▶ タバコをやめた方がいいよ。

なるほどポイント！ ▶ 健康のために、タバコ、お酒を断ち切る必要のある人は多いようです。そんなときには、You should stop smoking. や You should stop drinking. と助言をしてあげるとよいですね。stop の代わりに、quit（〜をやめる）を用いることも可能です。

② You should go to bed early tonight.

意味 ▶ 今夜は早く寝るべきだよ。

なるほどポイント！ ▶ 明日の朝早く起きる必要のある人、今日体調が少しすぐれない人に対して、「今日は遅くまで起きていないで、早く寝る方がいいよ」と言いたい場合に使える表現です。親が子供によく使う表現です。

③ You should exercise at least three times a week.

意味 ▶ あなたは少なくとも1週間に3回は運動すべきです。

なるほどポイント！ ▶ これは、相手に定期的な運動を勧めたいときに使えますね。この文の動詞 exercise は「運動する」の意味です。exercise を名詞にして、You should get exercise 〜 と言うこともできます。

ボキャブラリー

ミニ会話 □ medieval 形 中世の
例文3 □ at least 少なくとも

パターン33 〜すべきです / 〜する方がいいですよ

パターン 34 〜しなければなりません

と言いたいときはコレ → You must do 〜

なるほど！ こう考えればカンタンに使える

助動詞 must は「〜しなければならない」という「義務」「必要」「命令」を表し、話し手の主観的な意見や判断を強いニュアンスで言い表します。例：**I really must go now.**（もう行かなくてはなりません ⇒ そろそろこの辺で失礼します）、**You must attend the meeting.**（あなたはその会議に出席しなければなりません）「義務」の must は、**should や ought to よりも強い意味を表します**。

must は「ぜひ〜してください」という「強い勧め」「勧誘」を表すこともあります。親しい間柄で用いる勧誘表現です。
例：**You must come and visit us some time.**（いつかぜひ遊びにおいでくださいね）

すぐにチェック！ ミニ会話

M : How can I become a better pianist?
W : **You must practice** harder. Practice will never betray you, you know.

男：僕、どうすればもっとピアノがうまくなるのかなあ？
女：もっと練習しないと駄目よ。練習は絶対に裏切らないからね。

> You must practice harder. は「あなたはもっと本気で練習しなければいけません ⇒ あなたはもっと練習しないと駄目ですよ」という意味です。

使える！ 最も使える3例文

① You must keep your promise.

意味 → 約束は守らなければなりません。
なるほどポイント！ → **パターン33**で学んだ助動詞 should を使って、You should keep your promise. と言えば「約束は守るべきですよ」となりますが、must を使って You must keep your promise と言えば「（是が非でも）約束は守りなさい」のニュアンスが出ます。

② You must check it out again.

意味 → あなたはもう1度それをチェックしなければなりません。
なるほどポイント！ → これは「必要」を表す例です。「もう1度それをチェックしなければなりません ⇒ もう1度それをチェックする必要があります」と考えるとわかりやすいですね。

③ You must do the work at once.

意味 → あなたはすぐにその仕事をしなければなりません。
なるほどポイント！ → これは「命令」「強要」に近い意味合いを持った文なので、例えば上司から部下への命令と考えればよいでしょう。「すぐにその仕事をしなければならない」というのは、「たとえあなたが嫌であったとしても」ということです。そのような話し手の強い主張・判断を表す文だと言えます。

ボキャブラリー

ミニ会話 □ betray 動 ～を裏切る
例文2 □ check out ～　～をよく調べる、点検する
例文3 □ at once　すぐに（= immediately）

パターン34 ～しなければなりません

パターン 35 ～してはいけません

と言いたいときはコレ → You mustn't do ～

なるほど！ こう考えればカンタンに使える

You mustn't do ～は、「～してはいけません」という「禁止」を表します。例：**You mustn't park here.**（ここに駐車してはいけません）

また「～しては駄目です」と訳すとぴったりくることもあります。例：**You mustn't rush.**（焦ってはいけません ⇒ 焦っては駄目です）**mustn't** は、立場が上の者から下の者に対して用いられる傾向があります。

一方、同等の相手に「～しちゃ駄目だよ」と禁じたり諭したりする時には、**shouldn't** を使って **You shouldn't do that.**（そんなことしちゃ駄目だよ）や **Don't do ～**を使って **Don't put it off.**（それを先延ばしにしては駄目だよ）などと言います。

すぐにチェック！ ミニ会話

W : Mike, you mustn't leave the door open.
M : Oh, sorry, Mom.

女：マイク、ドアを開けっ放しにしては駄目よ。
男：あっ、ごめん、お母さん。

これを応用すれば、You mustn't leave the window open.（窓を開けたままにしてはいけません）や You mustn't leave the water running.（水を流したままにしておいてはいけません）も言えます。

使える！最も使える3例文

① You mustn't talk in class.

意味 クラスで私語をしてはいけません。
なるほどポイント！ クラスだけではなく、公共の場でもきちんとマナーを守るべきです。「図書館」や「映画館」では特に私語は慎むべきですから、You mustn't talk in the library. や You mustn't talk in the movie theater. と言えばよいですね。

② You mustn't take photos here.

意味 ここで写真を撮影してはいけません。
なるほどポイント！ 特別な場所では写真撮影を禁止されている場合があります。また、建物の中では禁煙になっているのが最近は普通ですから、そのようなときには You mustn't smoke in here.（この中でタバコを吸ってはいけません）と言われます。

③ You mustn't drive if you drink.

意味 飲んだら運転してはいけません。
なるほどポイント！ 「飲んだら乗るな」は、もっと簡単に Don't drink and drive. と言うこともできます。「飲酒運転」は drunk driving または drunken driving と言います。「無免許運転をするな」という場合には、You mustn't drive without a driver's license. と言えば OK です。

ボキャブラリー

例文2 □ take a photo 写真を撮る

パターン35 〜してはいけません

パターン 36 〜すべきだ

と言いたいときはコレ You had better *do* 〜

なるほど！ こう考えればカンタンに使える

You had better *do* 〜は、「〜した方がいい」の意味で習った人が多いと思いますが、**実はそんなに軽い助言ではありません。had better**は、相手に対して**「強い助言」**や**「忠告」**、**「警告」**を含意する表現で、**「〜すべきだぞ／〜しないと後で困るぞ」**というニュアンスがあります。**had better**は**should**よりも強い表現であり、**命令的**なのです。

通常、親しい人（家族や友人）にこそ用いますが、目上の人やあまり親しくない人には用いるべきではありません。ただし親しい人にも、文頭に **I think**、**maybe**、**perhaps** などをつければ**婉曲化**し、少し言い方が**柔らかく**なります。

すぐにチェック！ ミニ会話

M: The wind is picking up. I feel a typhoon is approaching.
W: Yes, it sure is. We'd better stay home today.

男：風が強くなってきたね。台風が近づいてきている感じがするよ。
女：ええ、そうね。今日は家にいた方がいいわね。

> この場合の We'd better は、「強い提案」に用いられています。会話では大抵、You had ⇒ ou'd、We had ⇒ We'd better と省略されます。

使える！最も使える3例文

① You'd better see a doctor.

意味 医者に診てもらった方がいいよ。

なるほどポイント！ 顔色の悪い、あるいは何らかの病気の症状が出ている友達に対して、すぐに病院に行って診てもらうことを勧めたい場合に、この表現を使うとよいでしょう。see a doctor の代わりに、go see a doctor と言うこともあります。

② I think we'd better leave now.

意味 もう帰った方がいいよね。

なるほどポイント！ 「そろそろ時間も遅くなってきたし、帰った方がいいよね」という場合に、使える表現です。文頭に I think をつけることにより、少し婉曲的になっています。I think の代わりに I suppose を使うこともできます。もちろん、状況に応じて we'd の部分を I'd や you'd に変えることも可能です。

③ We'd better not tell him about it.

意味 それについては、彼には言わない方がいいね。

なるほどポイント！ 大切なのは not の位置です。had better do 〜を否定文にするときには、not は必ず had better の直後に置きます。You'd better not expect too much.（あまり期待しない方がいいよ）も会話でよく使うので、覚えておきましょう。

ボキャブラリー

ミニ会話 □ pick up （風などが）勢いを増す
ミニ会話 □ approach 動 近づく、接近する

パターン36 〜すべきだ

パターン 37 〜が必要です

と言いたいときはコレ You need 〜

なるほど！ こう考えればカンタンに使える

You need 〜 の2つの形を練習しましょう。

① need ＋ 名詞 （〜が必要です）

You need **a new pair of glasses.** （あなたは新しい眼鏡が必要です）

② need ＋ to 不定詞 （〜することが必要です）

You need **to think positively.** （あなたは前向きに考える必要があります）

否定の場合には、**don't [doesn't] need to** *do* 〜を用います。
例：**You don't need to do it today.**（あなたはそれを今日する必要はありません ⇒ 今日それをしなくてもいいですよ）

すぐにチェック！ ミニ会話

W: Mr. Gordon, have you got a minute? I need to talk about the project.

M: I'm sorry, Helen. I have to go right now.

女：ゴードンさん、ちょっとお時間ありますか。プロジェクトの件でお話があるのですが。

男：ごめん、ヘレン。今すぐ行かないといけないんだ。

Have you got a minute? は「ちょっと時間がありますか」（= Do you have a minute?）の意味の決まり文句です。女性の I need to talk about 〜、男性の I have to go 〜は、どちらもよく用いられます。

使える！最も使える３例文

① You need some change.

意味 小銭がいくらか必要です。
なるほどポイント！ ここでの change は「小銭」という意味で、不可算名詞です。アメリカの公衆電話（pay phone）や自動販売機（vending machine）を使うときには、とにかく小銭が必要です。「私は小銭がいくらか必要です」なら、I need some change. となりますね。

② You need to show them your ID card.

意味 あなたは彼らに身分証明書を見せる必要があります。
なるほどポイント！ いろんな場面で、身分証明書（ID card）の提示が求められます。そんなときに用いられる表現です。

③ You don't need to worry about it.

意味 あなたはそれを心配する必要はありません。
なるほどポイント！ 「あなたはそれを心配する必要はありません ⇒ そのことは心配しなくてもいいですよ」という意味です。何かを心配そうにしている人に、この表現を使って、気分を楽にさせてあげるとよいですね。

ボキャブラリー

例文2 ☐ ID card　身分証明書（＝ identification card）
例文3 ☐ worry about 〜　〜について心配する

パターン37 〜が必要です

パターン 38 〜しなければなりません

と言いたいときはコレ You have to *do* 〜

なるほど！ こう考えればカンタンに使える

have to も **must** と同じく、「〜しなければならない」という「**義務**」を表しますが、**must** よりも強制の意味が弱いため、**柔らかいニュアンス**があります。例：I must go home now.（[話し手の意志や都合により] もう家に帰らなければなりません）、I have to go home now.（[もうすぐ帰りの電車がなくなるので] もう家に帰らなければなりません）

must は現在時制だけしか使えませんが、**have to** は現在時制の他、過去時制（**had to**）、未来時制、完了形でも使うことができます。

「義務」「必要」の意味の助動詞のおさらい（強い順）

must ＞ have to ＞ had better ＞ ought to ＞ should

すぐにチェック！ ミニ会話

M: **Do I have to come**, too?
W: Well, **you don't have to come** if you don't want to.

男：僕も行かなければいけないの？
女：まあ、行きたくなければ、行かなくてもいいけど。

have to *do* 〜は肯定文だけでなく、疑問文・否定文でもよく用いられます。have to は［hǽftə］、has to は［hǽstə］、had to は［hǽttə］と発音されます。

使える！最も使える3例文

① I have to finish this report by tomorrow.

意味 私はこの報告書を明日までに仕上げなければなりません。
なるほどポイント！ 会話では、have to の代わりに have got to が用いられることもあります。have は省略形（'ve）となり、I've got to do 〜と短縮され、got to は gotta（ガラ）のように発音するのが一般的です。かなりくだけた会話では、単に I got to do 〜とすることもあります。

② You don't have to do that.

意味 そんなことはしなくてもいいですよ。
なるほどポイント！ 「〜する必要がない」には、don't have to を用います。この文は、相手に「そんなことしなくてもいいですよ」や「そこまでしていただかなくても」「気になさらないでくださいね」などと言いたいときによく使う決まり文句です。いろんな場面で使えるとても便利な表現です。

③ I had to wait an hour for the bus.

意味 私は1時間もバスを待たなければなりませんでした。
なるほどポイント！ must には過去用法がないので、had to にして、I had to wait 〜とするわけです。「長く待つ必要はなかった」という場合には、I didn't have to wait long for the bus.（私はバスを長い間待つ必要はありませんでした）となります。

パターン38 〜しなければなりません

パターン39 〜しましょう

と言いたいときはコレ Let's do 〜

なるほど！ こう考えればカンタンに使える

Let's do 〜（〜しましょう）は何かすることを**「提案」「勧誘」**する表現です。基本的に、**相手が賛成するという確信がある場合**に用います。Let's の直後には**動詞の原形**が来ます。Let's は Let us の短縮形なので、**Let's go for a drive.**（ドライブに行きましょう）とは言えても、**Let's go for a drive with me [us].** とは言えないことに注意しましょう。Let's に続く動作をするのは「私たち」なので、文末に with me をつけ加えるとおかしな余剰になってしまうわけです。

Let's の否定形は、**Let's not ＋ 動詞の原形** となります。

例：**Let's not talk about it.**（そのことを話すのはやめましょう）

すぐにチェック！ ミニ会話

M：Hey, **let's call** it a day.
W：Yeah, we got a lot done today.

男：ねえ、この辺で切り上げようよ。
女：そうね、今日はかなりの仕事をやったわよね。

Let's call it a day. は「今日はこの辺で切り上げよう / 今日はここまでにしよう」の意味で、特に仕事を終えるときに用いる決まり文句です。got a lot done は「たくさんの仕事をこなした」という意味です。

使える！ 最も使える3例文

① Let's go to the movies tonight.

意味 今晩、映画を見に行きましょう。

なるほどポイント！ 1つの映画を見に行きたい場合でも、go to the movies と言います。the movies は何本もの映画を上映している映画館に行くことから、〈the ＋複数形〉になっているわけです。単数形を用いる場合は、go to see a movie や go (and) see a movie となります。

② Let's get together again sometime.

意味 またいつか会いましょう。

なるほどポイント！ get together は「集まる、一緒になる」の意味で、非常によく用いられます。同じことを、Let's meet again sometime. と簡単に言うこともできます。なお、ハイフンを使って get-together とすると名詞となり、「集まり、会合、懇親会」などの意味を表します。

③ Let's keep in touch.

意味 連絡を取り合いましょう。

なるほどポイント！ 友人・知人とのわかれ際に「これからもお互いに連絡を取り合っていきましょう」というときに用いる決まり文句が、Let's keep in touch. です。非常によく使う決まり文句です。

パターン39 ～しましょう

パターン40 ～してもいいですか

と言いたいときはコレ May I *do* ～?

なるほど！ こう考えればカンタンに使える

May I *do* ～?（～してもいいですか）は、**「許可」**を求める言い方です。友達や家族の間では **Can I *do* ～?**（～してもいい？）がよく使われますが、それ以外の人には丁寧な **May I *do* ～?** をお勧めします。

Can I *do* ～? の **Can** を過去形にして、**Could I *do* ～?** と言うと**「仮定」**のニュアンスが生じ、もっと丁寧な表現になりますが、それでも、**May I *do* ～?** の方がより丁寧な表現です。

お店に行くと、店員がよく **May I help you?**（いらっしゃいませ／何かお探しですか）と言いますよね。店員の中には **Can I help you?** と言う人もいますが、客を相手にするときは、**May I help you?** の方が**丁寧で良いイメージ**を与えます。

すぐにチェック！ ミニ会話

M：Kate, may I use your phone?
W：Sure. Go ahead.

男：ケイト、電話をお借りしてもよろしいですか。
女：ええ。どうぞ。

> May I borrow your phone? とは言えないので、要注意です。borrow は移動できる物を借りるときに使われるからです。「トイレ」を借りたい場合は、May I use your bathroom? と言えばよいですね。

使える！最も使える3例文

① May I have your name?

意味 お名前を教えていただけますか。

なるほどポイント！ What's your name? は非常に唐突な感じがするので、あまりお勧めできません。それよりも、May I have your name? をぜひ使ってみてください。文末に please をつけて、May I have your name, please? と言うと、より丁寧に響きます。

② May I speak with you now?

意味 今お話させていただけますか。

なるほどポイント！ May I speak with you now? の代わりに、May I speak [talk] to you now? と言っても同じ意味を表します。また、電話をかけて「～さんをお願いします」と言うときにも、May I speak with [speak to / talk to] Mr. White?（ホワイトさんをお願いします）と言えば OK です。

③ May I be excused?

意味 ちょっと失礼させていただいてよろしいですか。

なるほどポイント！ これは特に食事中などに席を外すときに、一緒にいる人に向かって言う決まり文句です。トイレに行くときや、電話をしに行くときに便利です。please をつけて、May I please be excused? と言うと、より丁寧に聞こえます。

パターン40　～してもいいですか

パターン41 ～してくれる？/～してもらえる？

と言いたいときはコレ Will you *do* ～?

なるほど！ こう考えればカンタンに使える

Will you *do* ～?（～してくれる？/～してもらえる？） は、**依頼表現**で、**たぶん相手は断らないだろう**という前提で用いる質問文です。家族、友達、同僚の間などでよく用います。Will you *do* ～? というカジュアル表現を「～していただけますか」と訳すのはニュアンスを無視した誤訳であり、そこまでの丁寧さはありません。映画にも、**Will you help me with this?**（ちょっとこれ、手伝ってもらえる？）や **Will you marry me?**（僕と結婚してくれるかい？）などのセリフが出てきます。

please をつけて、**Will you please call me tonight?** や **Will you call me tonight, please?** と言えば、より丁寧な感じに聞こえます。

すぐにチェック！ ミニ会話

M: How about going out for dinner tonight?
W: I'm sorry, I can't make it. **Will you give** me a rain check?

男：今晩、夕食に行かない？
女：ごめんなさい、ちょっと無理だわ。今度また誘ってくれない？

> give ～ a rain check は「またの機会にしてもらう」の意味です。Will you give me a rain check?（また今度誘ってくれる？）の代わりに、Can I take [have] a rain check? と言うこともできます。

使える！最も使える3例文

① Will you pass me the salt?

意味 塩を取ってもらえる？
なるほどポイント！ 食事中に塩やコショウが欲しいときには、自ら手をいっぱいに伸ばして取るのではなく、Will you pass me the salt [pepper]? と言うのがマナーです。家庭の食卓であっても同様です。

② Will you give me a hand?

意味 ちょっと手を貸してもらえる？
なるほどポイント！ give ～ a hand は「～に手を貸す」の意味です。give の代わりに、lend を使うこともあります。人に助けてほしいときには Will you help me? でもよいですが、この Will you give me a hand? は特に物の移動など手を使う作業を手伝ってほしいときに便利な決まり文句です。

③ Will you answer the door, please?

意味 誰かが来たので出てくれる？
なるほどポイント！ please がついているので、少し丁寧な感じに聞こえます。返答として、「いいよ / もちろん」と言う場合には、Sure. や OK. などと言えばよいですね。この文を応用して「電話に出てくれる？」であれば、Will you answer the phone, please? と言います。「出る」は answer でよいのです。

パターン41 ～してくれる？/～してもらえる？

パターン42 〜していただけますか

と言いたいときはコレ Could [Would] you *do* 〜?

なるほど！ こう考えればカンタンに使える

Will you *do* 〜?（〜してくれる？/〜してもらえる？）よりも丁寧な依頼表現が、**Would you *do* 〜?**（〜していただけますか）です。それよりも少し丁寧に聞こえるのが **Could you *do* 〜?**（〜していただけますか）です。実際の会話の中ではどちらもよく用いられます。例：**Could [Would] you move over a little?**（ちょっと席を詰めてもらえますか）

please をつけて、**Could you *do* 〜, please?** や **Could you please *do* 〜?** と言うと、より丁寧に聞こえます。例：**Could you be more specific, please? / Could you please be more specific?**（もっと詳しく話していただけますか）

すぐにチェック！ ミニ会話

W : Could you drive me home tonight?
M : Yes, I'd be happy to.

女：今晩家まで送っていただけますか。
男：はい、喜んで。

男性の返答として、All right. や Sure. なども使えますが、Yes, I'd be happy to. は丁寧な肯定の返答なので、きれいに聞こえます。断らなければならないときは I'm sorry, but I can't. と返答します。

使える！最も使える３例文

① Could you say that again?

意味 もう１度言っていただけますか。

なるほどポイント！ 相手の言ったことが理解できなかったときや相手の言葉を聞き取れなかったときに、わかった振りをしてニコニコ会話を続けるのは、実は大損です。Could you say that again? や Could you repeat that, please? や I beg your pardon? と言って聞き直すことが必要です。

② Would you do me a favor?

意味 お願いがあるのですが。

なるほどポイント！ 人に頼み事をするときに、最も用いられる決まり文句です。もちろん、Could you do me a favor? としても OK です。もっと丁寧に言いたい場合には、I was wondering if you could [would] do me a favor.（私のお願いを聞いてもらえませんでしょうか）と言うこともできます。

③ Would you be able to fax it to me tomorrow morning?

意味 それを明日の朝私にファックスしていただけますか。

なるほどポイント！ Would you be able to do ～?（～していただけますか）は、よく用いられる依頼表現です。Would you fax it to me tomorrow morning? とも言えますが、Would you be able to do ～? の形を使うと、相手に可能性を尋ねつつ依頼をするニュアンスが出せます。

--- ボキャブラリー ---

例文２ □ do ～ a favor　～の頼みを聞いてやる

パターン42　～していただけますか

パターン43 〜しましょうか

と言いたいときはコレ Shall I [we] *do* 〜?

なるほど！ こう考えればカンタンに使える

Shall I *do* 〜? は「（私が）〜しましょうか」の意味で、何かを申し出て、**相手の意向や希望を尋ねる場合**に用います。**Do you want me to *do* 〜?** や Would you like me to *do* 〜? と同じ意味を表します。

さらに、I を we に変えて、**Shall we *do* 〜?** と言うと『（一緒に）〜しましょうか』の意味になります。これも、何かを提案して相手の意向を尋ねる表現です。**Let's *do* 〜**と同じような意味を表しますが、**Shall we *do* 〜?** の方が丁寧な表現です。

なお、アメリカでは Shall I [we] *do* 〜? の代わりに、Should I [we] *do* 〜? を使う人も多いことを覚えておきましょう。

すぐにチェック！ ミニ会話

M: **Shall I pick** you up at the station?
W: That'd be great. Thank you.

男：駅まで車で迎えに行きましょうか。
女：そうしていただけると嬉しいです。ありがとうございます。

> 相手を車で拾ってあげたい場合に申し出る表現として、Shall I pick you up?（車で迎えに行きましょうか）は非常によく用いられます。

使える！最も使える3例文

① Shall I get you a taxi?

意味 タクシーをお呼びしましょうか。

なるほどポイント！ これは申し出の例です。Shall I get you a taxi? の代わりに、Shall I call a taxi for you? と言うことも可能です。また、アメリカでは taxi のことを日常会話ではよく cab と言いますので、Shall I get you a cab? も一緒に覚えておくとよいですよ。

② Shall I have him call you back later?

意味 彼に折り返し電話をさせましょうか。

なるほどポイント！「トムに電話がかかってきたけども、今トムはいない。だから、後でトムに折り返し電話させましょうか」という場合に使う表現です。have him call の部分は、〈have＋目的語＋動詞の原形〉の形になっており、「…に～させる」という使役の意味を表します。

③ Shall we go to the park?

意味 公園に行きましょうか。

なるほどポイント！ Shall we go to the park? は「一緒に公園に行きましょうか」という意味の提案ですね。Shall we *do* ～? に対する返答は、肯定の場合は Sure. や Yes, let's. と、否定の場合は No, let's not. や No, I'd rather not.（いいえ、やめておきます）と言います。

ボキャブラリー

ミニ会話 □ pick up ～ （人を）車で迎えに行く

パターン43 ～しましょうか

パターン 44 〜したらどう？

と言いたいときはコレ Why don't you *do* 〜?

なるほど！ こう考えればカンタンに使える

Why don't you *do* 〜? は、**「提案」「助言」「勧誘」**などを表します。直訳をすれば「どうして〜しないの？」となりますが、実際には**「〜したらどう？／〜してみてはいかが？」**の意味を表します。この **Why don't you *do* 〜?** は、**Why not *do* 〜?** で言い換えることもできます。例：**Why don't you wait** a few more days? = **Why not wait** a few more days?（あと数日待ってみたらどう？）

ただし、どちらも**軽い感じ**で丁寧さのない口語表現なので、家族や友達には使ってもよいわけですが、特に改まった会話の中（目上の人や仕事関連の人に対して）では用いないようにしましょう。

すぐにチェック！ ミニ会話

W: I'm putting on weight again.
M: Then, why don't you go on a diet?

女：また太ってきたわ。
男：じゃあ、ダイエットでもしてみたら？

> Why don't you go on a diet? の代わりに、Why don't you diet? と言うことも可能です。diet は名詞、動詞の両方に使われる語です。

使える！最も使える3例文

① Why don't you join us?

意味 君も来ない？
なるほどポイント！ Why don't you join us? は「私たちに加わりませんか」ということなので、自分たちがどこかに行く場合には「君も来ない？」となりますし、自分たちがテニスをする場合であれば「一緒にやらない？」となります。Why not join us? でも OK です。

② Why don't you take a break?

意味 ひと休みしたらどう？
なるほどポイント！ take a break は「ひと休みする、休憩する」の意味で、トイレ休憩をはじめ、リラックスするために小休止することを言います。take a rest は遠足や仕事などの途中で体の疲労を回復させるために体を休めるときに用い、take a break とはニュアンスが異なります。

③ Why don't you give it a try?

意味 それをやってみてはどう？
なるほどポイント！ Why don't you give it a try? は、もっと簡単に Why don't you try it? と言うこともできます。give 〜 a try は「〜を試してみる、〜に挑戦してみる」という意味で、日常会話でよく使われる表現です。

ボキャブラリー

ミニ会話 ☐ put on weight　体重が増える、太る（＝ gain weight）
ミニ会話 ☐ go on a diet　ダイエットをする

パターン 44　〜したらどう？

パターン 45 一緒に〜するのはどう？/〜してみてはどう？

と言いたいときはコレ Why don't we *do* 〜?

なるほど！ こう考えればカンタンに使える

Why don't we *do* 〜? は友達や家族など、同等の相手に対して使うことが多く、**パターン39** の Let's *do* 〜よりは丁寧ですが、**割とフレンドリーな表現**なので目上の人やあまり親しくない人には使いません。目上の人たちに対しては、より丁寧な Shall we *do* 〜? を使うのが理想的です。

Why don't we *do* 〜? に対する返答としては、肯定の場合なら **Great!**（いいねえ）や **Sure, why not?**（ええ、もちろん）と、否定の場合なら **I'm sorry, but I can't.**（残念ですが、ちょっと無理です）と言えばよいでしょう。

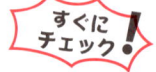

すぐにチェック！ ミニ会話

M: **Why don't we play** pool?
W: **Yeah, sounds great!**

男：ビリヤードでもやらない？
女：ええ、いいわね。

男性は女性に「ビリヤードをしない？」と提案しています。こんなとき、Why don't we *do* 〜? のパターンが便利です。アメリカでは、ビリヤード場に行かなくても、ビリヤード台を持っている家は結構多いんですよ。

使える！最も使える3例文

① Why don't we take a picture here?

意味 ここで写真を撮らない？
なるほどポイント！ 家族や友達と一緒に写真を撮りたいときに使えるのが、Why don't we take a picture here? です。また、その辺を歩いている優しそうな人には、Could you please take our picture? や Would you mind taking our picture?（写真を撮っていただけますか）と頼んでみましょう。

② Why don't we get started?

意味 じゃあ、始めましょうか。
なるほどポイント！ Why don't we get started?（始めましょうか）は、何かを開始・スタートさせたい場合に使える表現です。仕事、会議、パーティーなどいろんな場面で使えます。

③ Why don't I help you?

意味 助けましょうか。
なるほどポイント！ we を I に変えて、Why don't I do ~? と言えば「（私が）～しましょうか」の提案の意味を表します。困っている人、手を貸してほしそうな人に Why don't I help you?（助けましょうか / 助けてあげようか）と言ってあげるとよいですね。Do you need help? とほぼ同じ意味です。

パターン45 一緒に～するのはどう？ / ～してみてはどう？

パターン 46 〜させてください

と言いたいときはコレ Let me *do* 〜

なるほど！ こう考えればカンタンに使える

let ＋ 目的語 ＋ 動詞の原形 は、「…に（自由に）〜させる」の意味を表します。よって、**Let me *do* 〜** は、相手に対して**「私に〜させてください」**と**「許可」「容認」**を求める表現となります。動詞「許す」の **allow** や **permit** と近い意味を表します。

let の後の目的語は、**me** 以外にもいろんなものが来ますので、**Let us *do* 〜** であれば「私たちに〜させてください」、**Let him 〔her〕*do* 〜** であれば「彼〔彼女〕に〜させてください」のような意味となります。

また、**let's** は **let us** の短縮形ですが、ここでは**「勧誘は let's、許可を求めるのは let us」**と簡潔に覚えておきましょう。

すぐにチェック！ ミニ会話

Ⓜ：**I'm afraid I don't understand what you mean.**
Ⓦ：**Okay then, let me put it this way.**

男：すみませんが、あなたのおっしゃっていることの意味が理解できません。
女：なるほど、では、こう言えばどうでしょう。

Let me put it this way. は自分の言ったことを相手が十分に理解していないときに、「こんな感じで説明するとどうでしょうか」と、より明快な言葉を探しながら説明をし直す場合に用いる決まり文句です。

使える！最も使える3例文

① Let me ask you a question.

意味 1つ質問させてください。
なるほどポイント！ 相手に何かを質問したいときは、Let me ask you a question. が便利です。このパターンを覚えておけば、Let me ask you another question.（もう1つ質問させてください）や Let me ask you something.（ちょっと質問させてください）などと応用が利きます。

② Let us go there now.

意味 私たちに今そこに行かせてください。
なるほどポイント！ Let us do ～は文脈によっては、Let's do ～（～しましょう）の勧誘の意味を表すこともありますが、ここでは「私たちに～させてください」という許可の意味を覚えておけば OK です。ただし、Let's do ～の方は、許可の意味を表すことはなく、勧誘の意味だけを表します。

③ Let him do what he wants to do.

意味 彼のやりたいようにさせておけ。
なるほどポイント！ 「彼のやりたいように勝手に［自由に］させておけ」という意味です。熟語を使ってもっと簡単に、Let him have［get］his own way. と言っても OK です。

ボキャブラリー

例文3 □ have［get］*one's* own way　自分の思い通りにする

パターン46　～させてください

頻出！これが言いたい54パターン

パターン 47 ～して嬉しいです

と言いたいときはコレ I'm glad ～

なるほど！ こう考えればカンタンに使える

「～して嬉しい」には、**I'm glad** ～のパターンを使うと便利です。日本語としては、**「～してよかったです」**と訳すと自然な場合もあるでしょう。

I'm glad の後に① **to 不定詞**が続く場合と② **that 節**が続く場合の2つの使い方を覚えておきましょう。

①は **I'm glad to hear that.**（それを聞いて嬉しいです）が代表的な例です。初対面の人に「お会いできて嬉しいです」というときに、**Glad to meet you.** と言うことがありますが、それは **I'm glad to meet you.** の **I'm** が省略された形です。②の例としては、**I'm glad (that) you passed the test.**（あなたが試験に合格したのを聞いて嬉しいです）がわかりやすいでしょう。

すぐにチェック！ ミニ会話

M: **I'm happy** to be here again.
W: That's wonderful. **Glad** to hear you say that.

男：ここにまた来ることができて嬉しいです。
女：よかったです。そう言ってもらえて嬉しいです。

男性の I'm happy to be here again. は、glad を使って I'm glad to be here again. と言っても OK です。女性の Glad to hear you say that. は文頭の I'm が省略されています。

使える！ 最も使える3例文

① I'm glad to see you again.

意味 またお会いできて嬉しいです。
なるほどポイント！ 初対面の人には I'm glad to meet you.（お会いできて嬉しいです）と言いますが、誰かと再会したときには、I'm glad to see you again. と言います。もちろん、I'm を省略して、Glad to see you again. と言っても OK です。

② I'm glad to hear from you.

意味 あなたから連絡をもらえて嬉しいです。
なるほどポイント！ これは電話で連絡をもらえた時だけでなく、郵便の手紙・ハガキやEメールをもらった時にも使える表現です。I'm を省略して、Glad to hear from you. ともよく言います。

③ I'm glad you like it.

意味 喜んでもらえて嬉しいです。
なるほどポイント！ I'm glad の後には that が省略されています。I hope you [you'll] like it.（気に入ってもらえるといいのですが）は人に物をあげる時に言う決まり文句ですが、I'm glad you like it. は、相手が自分からの贈り物を手にし、嬉しそうにしている様子を見た時に言う決まり文句です。

ボキャブラリー

例文2 □ hear from ～　～から連絡をもらう

パターン47 ～して嬉しいです

パターン 48 ～であることを望みます

と言いたいときはコレ I hope (that) ～

なるほど！ こう考えればカンタンに使える

I hope (that) ～は「～することを望みます／～するといいのですが」という自分の**「希望・願望」「期待」**を表す表現です。**I hope the weather will clear up tomorrow.**（明日は晴れるといいなあ）のように、**that**節には**「実現可能なこと」**や**「望ましいこと」**が来ます。**hope**を用いた否定文では、否定語は**hope**の後の動詞に結びつけます。**例：I hope it won't rain tomorrow.**（明日雨が降らなければいいのですが）

また、**hope**は目的語に**that**節だけでなく、**to**不定詞も取ることを覚えておきましょう。**例：I hope to see you again.**（またお目にかかりたいと存じます）

すぐにチェック！ ミニ会話

M : Here's a little something for you. I hope you like it.
W : Oh, George, thank you so much.

男：これを君にと思って。気に入ってもらえるといいんだけど。
女：まあ、ジョージ、本当にありがとう。

人に物をプレゼントする際に使う決まり文句が、I hope you [you'll] like it.（気に入ってもらえるといいのですが）です。これは料理で人をもてなす時にも使える決まり文句（お口に合うといいのですが）です。

使える！最も使える3例文

① I hope you enjoy your trip.

意味 旅行を楽しんできてくださいね。
なるほどポイント！ 旅行に出かける人に対して言う決まり文句です。your trip の部分を、your stay（滞在）、your summer vacation（夏休み）、your flight（飛行機での旅）などに変えるといろんなことが言えますね。

② I hope everything goes well.

意味 すべてがうまくいくといいね。
なるほどポイント！ これは単に物事がうまくいくことを願うとき、また相手を励まし元気づけるときにも使える決まり文句です。I hope everything goes well for you. と言うこともあります。同じことを、I hope everything will work out. や I hope everything will be fine. と言うことも可能です。

③ I hope you get well soon.

意味 早く良くなってくださいね。
なるほどポイント！ I hope you get well soon. は、病気の人に対して使う決まり文句で「早く良くなってくださいね / 早く良くなるといいですね」の意味を表します。もちろん you の部分は you'll でも構いません。「お大事に」と言いたい場合にも、この表現を使うとよいでしょう。

ボキャブラリー

例文2 ☐ go well　うまくいく、順調に進む
例文3 ☐ get well　病気が治る、元気になる

パターン48　～であることを望みます

パターン 49 残念ですが

と言いたいときはコレ I'm afraid (that) 〜

なるほど！ こう考えればカンタンに使える

I'm afraid (that) 〜 は、「あいにく〜 / 残念ですが / 申し訳ございませんが〜」などの意味を表します。

I'm afraid he's in the meeting right now.（申し訳ございませんが、彼は今会議中です）や **I'm afraid** it won't work out.（それはうまくいかないでしょう）のように、**I'm afraid (that) 〜**の後には「**好ましくないこと / よくないこと / 心配なこと / 起きてほしくないこと**」などが来ます。

日常会話の中では、やはり **that** を省略するのが普通で、**that** がない方が文の流れが良くなり、リズム感が出ます。

すぐにチェック！ ミニ会話

W : **I'm afraid** you've got the wrong number.
M : Oh, I'm sorry.

女：電話番号をお間違えのようですよ。
男：あっ、失礼しました。

you've got は you have と同じ意味ですから、I'm afraid you have the wrong number. と言ってもよいですし、I'm afraid you must have the wrong number. と言うこともできます。

使える！最も使える３例文

① I'm afraid I can't go today.

意味 残念だけど、今日は行けません。
なるほどポイント！ 誰かにどこかに行こうと誘われたときに、よく使う表現です。相手の依頼や申し出を遠回しに断るときにも、I'm afraid I can't do that.（残念ですが、それはできません）や、もっと簡単に I'm afraid I can't. と言うことができます。

② I'm afraid it'll rain tomorrow.

意味 明日は雨になりそうですね。
なるほどポイント！ 「残念ながら、明日は雨が降ると思います ⇒ 明日は雨になりそうですね」の意味です。明日の雨を好ましく思わないがゆえに、I'm afraid (that) ～ と言うわけです。雪が降ってほしくない人なら、I'm afraid it'll snow tonight.（今夜は雪が降りそうですね）と言うでしょう。

③ I'm afraid she's out to lunch now.

意味 あいにく、彼女は今昼食に出ています。
なるほどポイント！ 仕事の件で誰かに電話したとき、その人がランチに出かけてしまっているということはよくありますよね。そんなときによく用いられるのが、この表現です。she's out to lunch の代わりに、she's gone out for lunch や she's stepped out for lunch などの表現もよく用いられます。

パターン49 残念ですが

パターン50 Aですか、それともBですか

と言いたいときはコレ **~ A or B?**

なるほど！ こう考えればカンタンに使える

「**Aですか、それともBですか**」と相手に2つの選択肢の中からどちらであるかを尋ねる質問です。文の終わりは必ず、**~ A or B?** の形になります。このタイプの疑問文は、**「選択疑問文」**と呼ばれます。当然、**Yes / No** で答えることはできません。

選択疑問文のイントネーションは、**Aの後は上昇調（上がり調子）**で、**Bの後は下降調（下がり調子）**となることに注意しましょう。

例：**Which do you like better, dogs or cats?**（犬とネコのどちらが好きですか）　この選択疑問文では、**dogs** の後が**上昇調**、**cats** の後が**下降調**となります。

すぐにチェック！ ミニ会話

M：Which do you prefer, Japanese food or Chinese food?
W：I like Japanese food better.

男：日本料理と中華料理のどちらが好きですか。
女：日本料理の方が好きです。

> Which do you like better, Japanese food or Chinese food? と言ってもOKです。「どちらも同じくらい好きです」と言いたい場合には、I like both of them about the same. と言えばよいでしょう。

使える！最も使える3例文

① Would you like to pay by cash or charge?

意味 お支払いは現金ですか、それともカードですか。
なるほどポイント！ ホテルやレストラン、お店などでよく聞かれる質問です。もっと簡単に、Cash or charge? と聞かれることもあります。返答としては、現金なら By cash. と、カードなら By charge. や By credit card. と言えば OK です。

② Would you like tea or coffee?

意味 紅茶がいいですか、それともコーヒーがいいですか。
なるほどポイント！ 「紅茶とコーヒーのどちらが飲みたいか」を聞く場合は、選択疑問文として、イントネーションは tea の後が上昇調、coffee の後が下降調となります。しかし、「紅茶やコーヒーなどの飲み物はいかがですか」の意味を表す場合は、tea と coffee の後はどちらも上昇調になります。

③ Is the staff meeting next week or the week after?

意味 スタッフ会議は来週ですか、それとも再来週ですか。
なるほどポイント！ 返答としては、It's next week.（来週です）のように答えます。「再来週」は the week after next と言いますが、質問文では the week after の直前に next week があるため、the week after だけで「その次の週 ⇒ 再来週」ということがわかるので、next が省略されています。

頻出！これが言いたい54パターン

パターン50　Aですか、それともBですか

パターン 51 〜の方法を知っていますか

と言いたいときはコレ Do you know how to *do* 〜?

なるほど！ こう考えればカンタンに使える

how + **to 不定詞**（〜の方法 / 〜のやり方 / 〜の仕方）の句は頻繁に用いられるフレーズです。**how to *do* 〜** はとりわけ、直前に **know**（〜を知っている）や **tell**（…に〜を伝える）、**teach**（…に〜を教える）などの動詞と一緒に結びついて用いられます。そして、人に「**何かの方法 / やり方**」を尋ねる場合に最も用いられる質問文が、**Do you know how to *do* 〜?**（〜の方法を知っていますか）なのです。

それを応用させた **Could you tell me how to *do* 〜?**（〜のやり方を教えていただけますか）や **I know how to *do* 〜**（私は〜のやり方を知っています）などの表現も自由に使えるようにしておきましょう。

すぐにチェック！ ミニ会話

M：**Do you know how to bake cookies?**
W：**Of course. Baking is one of my hobbies.**

男：クッキーの作り方を知ってるの？
女：もちろんよ。オーブンでの調理は私の趣味の1つなんだから。

how to bake cookies で「クッキーの焼き方」という意味になります。「料理法」については、一般的に〈how to cook 〜〉で覚えておけばよいでしょう。例：how to cook rice（ご飯の炊き方）

使える！最も使える３例文

① Do you know how to use it?

意味▶ それの使い方、わかりますか。
なるほどポイント！▶ 機器の使い方や物の使い方がわからない場合にこの表現を用います。これは、相手に「使い方を知っていますか ⇒ 使い方を知っていれば教えてくださいますか」のメッセージを伝える文です。目の前にある物であれば、Do you know how to use this? と聞けばよいですね。

② I don't know how to say it in English.

意味▶ それを英語でどう表現したらよいのかわかりません。
なるほどポイント！▶ 日本語の言葉や文をうまく英語で表現できないときってありますよね。そんなときには、素直にこう言いましょう。同様に、英語や他の言語をうまく日本語に訳せない場合には、I don't know how to say it in Japanese. と言えばよいですね。

③ Could you tell me how to get to the ABC Store?

意味▶ ABCストアへの行き方を教えていただけますか。
なるほどポイント！▶ 「〜に行く方法 / 〜への道順」を尋ねるときは、通常は「口頭で教えてもらう」ことを期待するので tell を使います。地図を見せて「示してもらう」場合は show を使います。なお、teach は道順を尋ねたり教えたりするときには用いません。

ボキャブラリー

ミニ会話 □ bake 動 〜をオーブンで焼く

パターン51 〜の方法を知っていますか

パターン52 ～か知っていますか／～かわかりますか

と言いたいときはコレ Do you know ＋ 疑問詞 ＋ 主語 ＋ 動詞 ？

なるほど！ こう考えればカンタンに使える

疑問詞を含む文に **do you know** が結びつくと、語順は必ず **Do you know＋疑問詞＋主語＋動詞?** の形（**間接疑問文**）になります。**Do you know** の後には、**what、who、which、when、where、why、how** などの疑問詞で始まる文が来ます。例：**Do you know what this is?**（これが何かわかりますか）

また、**Do you know** は後に疑問詞だけでなく、名詞節を導く接続詞の **if / whether**（～かどうか）なども来ます。例：**Do you know if【whether】he will be able to handle this?**（彼がこれをうまく扱えるかどうかわかりますか）

すぐにチェック！ ミニ会話

M: Mom, do you know what I want for my birthday?
W: No, I have no idea. What would you like?

男：お母さん、僕の誕生日に何が欲しいかわかる？
女：いいえ、わからないわ。何が欲しいの？

息子と母親の会話です。Do you know の後に疑問詞 what で始まる文が続く例です。母親は What would you like? と聞いていますが、親子の会話の中でもこのような丁寧な言い方をすることはよくあります。

使える！ **最も使える3例文**

① **Do you know when he will come here?**

意味 彼がいつ来るかわかりますか。
なるほどポイント！ when を what time に変えても OK です。この文を応用して「次のバスはいつ発車するかわかりますか」と聞きたい場合には、Do you know when the next bus will leave? と言えばよいですね。

② **Do you know where Tim is?**

意味 ティムがどこにいるかわかりますか。
なるほどポイント！ Do you know where ～? は、人の居場所や物の位置を聞くときに便利です。「ブラウン先生」を探しているのであれば、Do you know where Mr. Brown is? となりますし、「公衆トイレ」を探しているのであれば、Do you know where the restroom is? と言えばよいのです。

③ **Do you know why he called me?**

意味 なぜ彼が私に電話をしたのかわかりますか。
なるほどポイント！ 理由を尋ねるときは、Do you know why ～? です。このパターンを使えば、Do you know why it happened?（どうしてそんなことになったのかわかりますか）や Do you know why she said no?（どうして彼女がノーと言ったのかわかりますか）とも言えますね。

頻出！これが言いたい54パターン

パターン52 ～か知っていますか／～かわかりますか

パターン 53 きっと〜だと思います

と言いたいときはコレ I'm sure (that) 〜

なるほど！ こう考えればカンタンに使える

I'm sure (that) 〜 は「きっと〜だと思います / 〜ということを確信しています」という「確信」を表す表現です。**I'm sure you will succeed.**（君はきっと成功すると思うよ）のように使います。**I'm sure** を使うと、確信を表す副詞（**surely / certainly / definitely** など）を使わなくてもすみます。例えば、**Your dream will definitely come true.** も **I'm sure your dream will come true.** と言えます。

ただし、**Are you sure (that) 〜?** は「本気で〜と思っているの？」という意味を表すことがあります。例：**Are you sure you really want to do that?**（あなたは本当にそれをやりたいと思っているの？）

すぐにチェック！ ミニ会話

W: I'm so nervous about this presentation.
M: Don't worry. **I'm sure** you'll do just fine.

女：このプレゼンのことですごく緊張してるの。
男：心配しなくていいよ。君だったら、きっとうまくできるから。

プレゼンテーションを前に緊張している女性に、男性が励ましの言葉をおくっています。これから何かに取り組もうとしている人には、I'm sure you'll do just fine. と言ってあげるとよいですよ。

使える！ 最も使える3例文

① I'm sure you've heard this song before.

意味 きっとあなたもこの曲を以前聞いたことがあると思います。
なるほどポイント！ that節が、have heardと現在時制（現在完了）になっています。〈I'm sure you've＋過去分詞〉の形は、相手のこれまでの経験についてコメントする際によく用いられます。例：I'm sure you've tried it before.（きっとあなたもそれをやったことがあると思います）

② I'm sure everybody liked your idea.

意味 きっとみんながあなたのアイデアを気に入ったと思いますよ。
なるほどポイント！ ここでは、I'm sureの後のthat節がlikedと過去時制になっています。I'm sureの後のthat節は、過去時制、現在時制、未来時制のすべてを置くことが可能です。

③ I'm sure Emily will make a good wife.

意味 エミリーならきっといい奥さんになると思います。
なるほどポイント！ that節にwill makeと未来時制が使われています。この場合のmakeは「〜になる」の意味を表します。becomeでもよいのですが、makeはbecomeよりも「良い素質が備わっているので、これから努力すれば〜になるだろう」という非常に肯定的なニュアンスを含みます。

パターン53 きっと〜だと思います

パターン 54 〜かどうかよくわかりません

と言いたいときはコレ I'm not sure if [whether] 〜

なるほど！ こう考えればカンタンに使える

if と **whether** は共に「〜かどうか」という意味の**接続詞**で、**「選択」を表す名詞節**を作ります。**I'm not sure if [whether] this is correct.**（これが正しい**のかどうかよくわかりません**）のように用います。文末に **or not** をつけて、**I'm not sure if [whether] this is correct or not.** と言うこともありますが、たいてい **or not** は省略されます。

I'm not sure if [whether] 〜は、**I don't know if [whether] 〜** と形と意味がよく似ていますが、**I don't know 〜**（全くわかりません / 知りません）に対して、**I'm not sure 〜** は**「どうでしょう / よくわかりません」**という少し曖昧で遠回しに返答するニュアンスがあります。

すぐにチェック！ ミニ会話

M: **I'm not sure if** I've given you my phone number.
W: Yes, it was on the business card you gave me.

男：私の電話番号はもうあげてましたかねえ。
女：ええ、あなたがくださった名刺に書かれていましたよ。

> I'm not sure if 〜は、男性の発言のように「〜はどうでしょうかねえ？」と記憶が定かでないときにも非常に便利な表現です。

使える！最も使える3例文

① I'm not sure if this is the best way.

意味 これが一番よい方法なのかどうか、わかりません。
なるほどポイント！ 文末にto不定詞をつければ、I'm not sure if this is the best way to approach the problem.（これがその問題を解決する最善の方法かどうかはよくわかりません）とも言えます。

② I'm not sure if I should buy it.

意味 私はそれを買うべきかどうかよくわかりません。
なるほどポイント！ 「～をすべきかどうか迷っている」場合にも、I'm not sure if～が使えます。例：I'm not sure if I should find a new job.（転職すべきかどうかわかりません） ifの代わりに、whetherを使うこともできますが、会話の中ではifの方が使用頻度は高いです。

③ I'm not sure if I can complete this report by the deadline.

意味 この報告書を締め切りまでに終えることができるかどうかわかりません。
なるほどポイント！ ビジネスの現場では、このようなことを言う場面も多いことでしょう。私自身、本を書くときはいつも、I'm not sure if I can submit my manuscript to the publisher by the deadline.（締め切り日までに出版社に脱稿できるかどうかわかりません）です。

--- **ボキャブラリー** ---

ミニ会話 ☐ business card　名刺
例文3 ☐ by the deadline　締め切り日までに
例文3 ☐ submit　動　～を提出する
例文3 ☐ manuscript　名　原稿

パターン54　～かどうかよくわかりません

パターン 55 もし〜ならば

と言いたいときはコレ → if ＋ 主語 ＋ 動詞

なるほど！ こう考えればカンタンに使える

接続詞 **if**（もし〜ならば）は、①「**現実の条件**」と②「**非現実の条件**」（＝ 仮定法）のどちらにも用いられます。

①現実の条件	②非現実の条件
If you go, I'll go.（もしあなたが行くのなら、私も行きます）	**If I knew his phone number, I would tell you.**（もしも彼の電話番号を知っていたら、教えてあげるのに）

ここでは、①の例だけを扱います。**if**（もし〜ならば）や **unless**（〜しなければ）などは**「条件」の副詞節を導く接続詞**なので、「時」の副詞節を導く接続詞と同じく、未来の出来事であっても、**if 節**には**現在時制**を用います。よって①の場合も、**If you will go** ではなく、**If you go** となるわけです。

すぐにチェック！ ミニ会話

🅼：**If you work** hard, your dream will definitely come true.
🆆：**You really think so? I'm glad to hear you say that.**

男：一生懸命頑張れば、君の夢は必ずかなうと思うよ。
女：本当にそう思うの？あなたにそう言ってもらえて嬉しいわ。

仕事、勉強、その他何であろうが、「（もしも）一生懸命頑張れば〜」は **if you work hard** と言います。
例：If you work hard, you'll pass the exam.（一生懸命頑張れば、君はテストに合格するよ）

使える！最も使える3例文

① If it's fine tomorrow, let's go golfing.

意味 もし明日晴れだったら、ゴルフに行きましょう。

なるほどポイント！ 「明日」という未来に言及するときも、if 節の中は現在形です。go golfing は「ゴルフをしに行く」という意味ですが、英語には〈go＋〜ing（現在分詞）〉の表現がたくさんあります。**例**：go swimming（泳ぎに行く）、go fishing（釣りに行く）、go skiing（スキーに行く）

② The outdoor concert will be canceled if it rains.

意味 野外コンサートは、雨が降れば中止になります。

なるほどポイント！ 雨になると多くのイベントが中止されますよね。そんなときは、The outdoor concert の部分を他の語に変えて、いろんなことを自由に表現してみましょう。なお、if 節は文頭に置いても、後に置いてもどちらでも構いません。

③ If you don't mind, I'd like to have your e-mail address.

意味 もし差しつかえなければ、あなたのEメールアドレスをいただきたいのですが。

なるほどポイント！ if you don't mind は「もし差しつかえなければ / もしよろしければ」の意味を表す決まり文句です。これをつけることによって、ぶしつけな言い方を避けることができます。**例**：I have another question (for you) if you don't mind.（よろしければ、もう1つ質問があるのですが）

ボキャブラリー

ミニ会話 □ definitely 副 きっと、必ず
ミニ会話 □ come true 実現する

パターン 55 もし〜ならば

パターン 56 〜した時 / 〜する時

と言いたいときはコレ when ＋ 主語 ＋ 動詞

なるほど！ こう考えればカンタンに使える

when 〜は「〜した時 / 〜する時」の意味の「時」を表す接続詞です。ここでは直後に①**過去時制を用いる場合**と、②**現在時制を用いる場合**の2つのケースを練習しましょう。when 〜の副詞節は文頭に置いても、後に置いてもどちらでも構いません。

①過去時制を用いる場合

The wine glass broke into pieces when I dropped it.
（私が落としたとき、ワイングラスはこなごなに割れてしまいました）

②現在時制を用いる場合

Please let me know when you are finished.
（終わり次第ご連絡ください）

※未来の事柄を表すのに現在時制を用います。

すぐにチェック！ ミニ会話

Ⓜ : **Don't come home late tonight, okay?**
Ⓦ : **When the movie's over, I'll come straight home, Dad.**

男：今夜は遅く帰るんじゃないぞ、いいかい？
女：映画が終わったら、真っすぐに帰るから、お父さん。

When the movie's over,（映画が終わったら）の部分に現在形が使われています。the movie's は the movie is の省略形です。

使える！ 最も使える3例文

① When I was a little child, I liked to go to the zoo.

意味 ▶ 私は幼い頃、動物園に行くのが好きでした。
なるほどポイント！ ▶ 「昔」のことについて語るときに、この When I was 〜のパターンは便利です。「私が10歳の頃」であれば When I was ten (years old)、と、「私が小学生の頃」であれば When I was in elementary school、と言えます。

② When you cross the street, look out for cars.

意味 ▶ 通りを横断するときは、車に気をつけなさい。
なるほどポイント！ ▶ これは大人が子供に、車に注意するよう指示する言葉ですね。When you の後は、未来時制の will cross ではなくて、現在時制（現在形）の cross になっていることに気をつけましょう。

③ Please feel free to ask me when you have any questions.

意味 ▶ 質問のあるときには、遠慮なく聞いてください。
なるほどポイント！ ▶ こんな風に相手に言われると、本当に嬉しいですよね。みなさんも、事情がよくわからなくて不安そうな人、心細く思っているような人に、この表現を使ってあげてください。Please feel free to ask me は、Please don't hesitate to ask me と言い換えることが可能です。

ボキャブラリー

- **ミニ会話** □ come straight home （寄り道をせずに）真っすぐに家に帰る
- **例文2** □ look out for 〜　〜に注意する（= watch out for 〜）
- **例文3** □ feel free to *do* 〜　自由に〜する

パターン 56　〜した時 / 〜する時

パターン57 ～するとすぐに

と言いたいときはコレ → as soon as ＋ 主語 ＋ 動詞

なるほど！ こう考えればカンタンに使える

as soon as ～ は「**～するとすぐに / ～するやいなや**」の意味の「**時**」を表す接続詞です。ここでも直後に①**過去時制を用いる場合**と、②**現在時制を用いる場合**の2つのケースを練習しましょう。

①過去時制を用いる場合

As soon as I sat down, the telephone rang.
（腰を降ろしたとたんに、電話がなりました）

②現在時制を用いる場合

I'll come to your office **as soon as I finish** the work.
（仕事が終わり次第すぐにあなたのオフィスに伺います）

※whenと同じく、「時」を表す副詞節の中では未来の出来事を表すのに現在時制を用いるわけですね。

すぐにチェック！ ミニ会話

W: How did you figure out the woman in the elevator was Hilary Duff?
M: As soon as I saw her, I knew.

女：エレベーターの中にいたその女性がヒラリー・ダフってことがどうしてわかったの？
男：彼女を見てすぐにわかったんだよ。

この男性は私（宮野）のことです。ニューヨークのホテルに宿泊中、エレベーターに乗ったとき、ボディーガードに付き添われたヒラリーが目の前に立っていたのです。ミーハーの私はすぐに彼女に話しかけました（笑）。

使える！最も使える３例文

① As soon as she graduated from college, she moved to New York.

意味▶ 大学を卒業するとすぐに彼女はニューヨークに引っ越しました。

なるほどポイント！▶ この文を応用して「大学を卒業したらすぐに何をしたいですか」と言いたい場合には、As soon as you graduate from college, what would you like to do? と言えば OK です。

② Please call me as soon as you arrive at the station.

意味▶ 駅に着いたらすぐに電話してください。

なるほどポイント！▶ as soon as の後は、you arrive at ～と「現在形」になっています。you will arrive at ～としてはいけません。「家に帰ったらすぐに電話をください」であれば、Please call me as soon as you get home. で OK ですね。

③ I'll lend you the book as soon as I'm done with it.

意味▶ 私が読み終えたらすぐにその本をあなたに貸してあげます。

なるほどポイント！▶ 「時」を表す副詞節の中なので、未来時制ではなく、現在時制が使われています。as soon as I'm done with it は、as soon as I finish it とも言えますし、現在完了を用いて as soon as I've read it と言うこともできます。現在完了も現在時制に含まれるわけです。

ボキャブラリー

- **例文1** □ move to ～ ～に引っ越す、～に移る
- **ミニ会話** □ figure out ～ ～であるとわかる
- **例文2** □ arrive at ～ ～に着く（＝ get to ～）
- **例文3** □ be done with ～ ～を終える

パターン 57 ～するとすぐに

頻出！これが言いたい54パターン

パターン 58 〜なので / 〜だから

と言いたいときはコレ → because ＋ 主語 ＋ 動詞

なるほど！ こう考えればカンタンに使える

because は「〜なので / 〜だから」という**「理由」「原因」を表す接続詞**です。

Ⓐ
We decided to stay home **because it was** snowing.

＝

Ⓑ
Because it was snowing, we decided to stay home.

（雪が降っていたので、私たちは家にいることにしました）

because に導かれる節は、Ⓐのように主節の後に置かれる方が、Ⓑのように主節の前に置かれるよりも頻度が高いです。

Because よりも少し意味の弱い接続詞として **Since** がありますが、**Since は文頭に置く**のが普通です。よって、**Since it was snowing, we decided to stay home.** となります。

すぐにチェック！ ミニ会話

Ⓜ: What happened to the parade?
Ⓦ: It was halted **because it rained.**

男：パレードはどうなった？
女：雨が降ったので、中止になったわ。

> because を使うと、このように論理的な説明がきちんとできるわけですね。

使える！ 最も使える３例文

① Everybody likes Donna **because she is** nice and friendly.

意味 ▶ ドナはとても愛想がいいので、みんな彼女のことが好きです。
なるほどポイント！ ▶ because に導かれる節が主節の後に置かれている例です。〈nice and＋形容詞 / 副詞〉は「とても〜」の意味を表すので、nice and friendly で「とても愛想がいい」の意味となります。

② My boss got mad **because I was** late for work three days in a row.

意味 ▶ 私は３日連続で会社に遅刻したので、上司は激怒しました。
なるほどポイント！ ▶ because の節を聞くとすぐに「原因→結果」の流れが理解できますね。get mad（激怒する / 腹を立てる）は、get angry のくだけた言い方です。

③ **Because I was** dead tired, I headed straight to bed without dinner.

意味 ▶ くたくたに疲れていたので、夕食も取らずにベッドに直行しました。
なるほどポイント！ ▶ dead tired は「完全に疲れきって、くたくたに疲れて」の意味です。副詞の dead は形容詞の前に置くと、「完全に、完璧に」の意味を表します。「くたくたに疲れて」は簡単な語を使って、very tired や so exhausted などと表現しても OK です。

ボキャブラリー

- **ミニ会話** □ halt 動 〜を中止する
- **例文2** □ in a row 連続して
- **例文3** □ head straight to 〜 〜に直行する

パターン 58 〜なので / 〜だから

パターン 59 ～であるけれども / ～にもかかわらず

と言いたいときはコレ though【although】+ 主語 + 動詞

なるほど！ こう考えればカンタンに使える

though と **although** は「～であるけれども / ～にもかかわらず」という**「譲歩」の意味を表す接続詞**です。**though** と **although** はどちらもまったく同じ意味を表しますが、**although** は少し堅い表現なので、**会話の中では though が好まれて**用いられます。さらに、もっと強調する（意味が強い）表現の **even though** が用いられることもあります。

これまでは **but** に頼って、**He is rich, but he is not happy.**（彼は金持ちだけど、幸せではない）と言っていた人も、今後は **Though he is rich, he is not happy.** と表現できますね。though の副詞節を後に置いて、**He is not happy, though he is rich.** と言っても OK です。

すぐにチェック！ ミニ会話

W: **Meg left without an umbrella even though it was raining.**
M: **That's crazy. What was she thinking?**

女：雨が降っていたのに、メグは傘なしで出て行ったわ。
男：どうかしてるよ。彼女、何を考えていたんだろう？

though の強調表現の even though「～なのに / ～だけれども」が使われていますね。このように接続詞をうまく用いると、少々長い文もスムーズに作れます。会話の中で使えるように練習しておきましょう。

使える！ 最も使える3例文

① Though my grandmother is over 90 years old, she is still active.

意味▶ 祖母は90歳を越えていますが、今なお活動的です。
なるほどポイント！▶ 中には Though she is 90 years old, she still drives and enjoys jogging.（彼女は90歳ですが、今なお車を運転し、ジョギングを楽しんでいます）という人もいます。いつまで経っても健康というのは、大きな祝福ですね。

② Although she worked very hard, she didn't win first prize.

意味▶ 彼女は一生懸命に頑張りましたが、1位を取れませんでした。
なるほどポイント！▶ Though よりも少し堅い Although も使えるようにしておきましょう。Although は会話の中でも使われますし、書き言葉でもよく用いられます。

③ Even though Gary is a college student, he is already an owner of a company.

意味▶ ゲリーは大学生なのに、すでに会社の経営者です。
なるほどポイント！▶ Even though は、Though の強調表現で「〜なのに / 〜だけれども」の意味です。今や全世界でこのような学生が増えてきています。

ボキャブラリー

例文1 □ grandmother 名 祖母
例文2 □ win first prize 優勝する、1等賞を取る
例文3 □ owner 名 経営者、所有者

パターン59 〜であるけれども / 〜にもかかわらず

パターン60 ～する時ならいつでも / ～する所ならどこでも / いつ～しようとも / どこで～しようとも

と言いたいときはコレ whenever / wherever ＋ 主語 ＋ 動詞

なるほど！ こう考えればカンタンに使える

whenever と wherever は、「**複合関係副詞**」と言います。whenever / wherever ＋ 主語 ＋ 動詞 の形で**副詞節**を作ります。この2つは「**～する時ならいつでも / ～する所ならどこでも**」という意味で**接続詞的**に使われる場合と、「**いつ～しようとも / どこで～しようとも**」という譲歩の意味で**副詞的**に使われる場合とがあります。どちらの意味で使われているかは、**文脈で判断**できます。

| whenever | ①「～する時ならいつでも」＝ **at any time (when)**
②「いつ～しようとも」(譲歩) ＝ **no matter when** |

| wherever | ①「～する所ならどこでも」＝ **at any place (where)**
②「どこで～しようとも」(譲歩) ＝ **no matter where** |

すぐにチェック！ ミニ会話

M: Your puppy is very cute.
W: Thank you. He follows me **wherever I go**.

男：君の子犬、とてもかわいいね。
女：ありがとう。私が行く所はどこへでもついてくるんです。

ペットの犬は飼い主にすっかりなつきますよね。この場合の wherever は譲歩の意味で解釈することもできますが、「～する所ならどこでも」（＝ at any place where）で解釈する方が自然です。

使える！最も使える３例文

① Please call me whenever it is convenient for you.

意味 ご都合のよいときにいつでも電話してください。
なるほどポイント！ この場合の whenever は、at any time（when）の意味です。よって、Please call me at any time（when）it is convenient for you. と言うことも可能です。whenever it is convenient for you（いつでもあなたのご都合のよいときに）は日常会話でよく使われる表現です。

② You can sit wherever you want.

意味 どこでも好きな所に座っていいですよ。
なるほどポイント！ 会議などでどこに座ろうか迷っている人に、こう言ってあげるとよいですね。この場合の wherever は、at any place（where）の意味です。よって、非常に堅い英語になりますが、You can sit at any place（where）you want. と言うことも可能です。

③ Whenever I call John, he is out.

意味 ジョンはいつ電話しても、留守です。
なるほどポイント！ これは譲歩を表す例です。この場合の whenever（いつ〜しようとも）は、no matter when で言い表すことができます。よって、No matter when I call John, he is out. とも言えるわけです。また he is out の代わりに、he is gone と言っても OK です。

ボキャブラリー

ミニ会話 □ puppy 名 子犬

パターン60 〜する時ならいつでも／〜する所ならどこでも／いつ〜しようとも／どこで〜しようとも

パターン 61 ～です

と言いたいときはコレ ▶ **It ＋ 動詞**

なるほど！ こう考えればカンタンに使える

代名詞の **it** が主語になるとき、**it** は特に何かを指すことをせず、文としての形式を整えるために用いられることがあります。

これは非人称の **it** と呼ばれるもので、**天候、時間、日にち、期間、季節、距離、明暗、寒暖、状況、事情**などを述べる文の主語になります。

It の後の動詞には、**be 動詞**または**一般動詞**が来ます。日本語にはない英語独特の用法なので、しっかりと練習して使えるようにしておきましょう。この場合の **It** は日本語に訳すことができません。

すぐにチェック！ ミニ会話

W : What are you so happy about?
M : It's spring. I'm feeling great!

女：何がそんなに嬉しいの？
男：春だぁ。気分は最高！

「春だ / 春が来た」は英語では、It's spring. と言います。この it は「季節」を表しています。Spring has come. や Spring is here. とも言えますが、直訳調で It has become spring. とは言えません。

使える！最も使える3例文

① It looks like rain.

意味 ▶ 雨が降りそうです。
なるほどポイント！ ▶ 雨が降りそうな空模様を見て、よく用いる表現です。It looks like it's going to rain. と言うこともできますが、It looks like rain. の方が断然短く言いやすいので、ぜひこれを使ってみてください。「雪」が降りそうな場合には、It looks like snow. と言えばよいですね。

② It's a quarter past three.

意味 ▶ 今3時15分です。
なるほどポイント！ ▶ What time is it?（今何時ですか）と聞かれたときに、It's ～. で返答します。時間を表す it の例です。What day is it today?（今日は何曜日ですか）も合わせて覚えておきましょう。quarter は、「15分」の意味の名詞、past は「～を過ぎて」（= after）の意味の前置詞です。

③ It's only a 5-minute walk to the park.

意味 ▶ その公園までは歩いてたったの5分です。
なるほどポイント！ ▶ it は「距離」を表しています。walk は「歩行、徒歩」の意味の名詞です。a 5-minute walk は、a 5 minutes' walk でも OK です。〈It takes＋時間＋to *do* ～〉（～するのに〈時間〉がかかる）を使って、It takes only 5 minutes to get to the park. と言うこともできます。

頻出！これが言いたい54パターン

パターン61 ～です

パターン 62 あなたにとって〜することは…です

と言いたいときはコレ It's ＋ 形容詞 ＋ for you to *do* 〜

なるほど！ こう考えればカンタンに使える

「(多くの人々にとって / 一般論として) 〜するのは…です」は、**It's fun to play tennis.**（テニスをするのは楽しいです）や **It's dangerous to swim in the river.**（その川で泳ぐのは危険です）のようになります。この文型は、文頭の主語の位置に形式的に **It** を**形式主語**として置き、**真の主語は to 不定詞句**となっています。

to 不定詞句の前に **for ＋ 人**（誰々にとって / 誰々が）を入れると、**It's ＋ 形容詞 ＋ for ＋ 人 ＋ to *do* 〜**（誰々にとって〜することは…です）の意味となります。例：**It's necessary for you to attend the meeting.**（あなたがその会議に出席することは必要です）

すぐにチェック！ ミニ会話

W：You've overslept again.
M：That's right. It's really hard for me to wake up in the morning.

女：また寝坊したのね。
男：そうなんだ。朝起きるのが、僕本当に苦手でね。

「〜が難しい / 〜が苦手だ」と言いたい場合は、〈It's hard (for＋人) to *do* 〜〉のパターンが便利です。動詞 oversleep（寝坊する）の過去形・過去分詞形の overslept も覚えておきましょう。

使える！ 最も使える3例文

① It's easy for you to say.

意味 あなたが言うのは簡単でしょうけど。
なるほどポイント！ 「（実際は大変なのに）口で言うのは簡単だよ / 君が言うのは簡単だろうけど」という意味の決まり文句です。事情も知らずに簡単そうに言う人に対しては、It's easy to say but hard to do.（口で言うほど簡単ではない / 言うは易し、行うは難し）と言うこともあります。

② It's impossible for him to finish the work in a day.

意味 彼が1日でその仕事を終えることは不可能です。
なるほどポイント！ It's possible / impossible（for＋人）to do ～（～することは可能だ / 不可能だ）も、日常会話で非常によく用いるので、使えるようにしておきましょう。同様に、〈It's easy / difficult（for＋人）to do ～〉（～するのは簡単だ / 難しい）もよく使います。

③ It might be interesting for you to visit the museum.

意味 あなたはその博物館を訪れると面白いかもしれません。
なるほどポイント！ be動詞の部分に might be を入れて「～かもしれない」と表現しています。It's の部分には、このように〈It＋助動詞＋be〉の形もよく用いますので、慣れておきましょう。**例**：It will be useful for you to remember them.（あなたはそれらを覚えておくと役に立ちますよ）

頻出！これが言いたい54パターン

パターン62 あなたにとって～することは…です

143

パターン 63 …することは〜です

と言いたいときはコレ ▶ 動名詞の主語 + 動詞

なるほど！ こう考えればカンタンに使える

Seeing is believing.（見ることは信じることである ⇒ 百聞は一見にしかず）という有名な諺がありますね。**動名詞**（動詞の〜ing形）は、**文の主語、目的語、補語**などになり、**名詞的**に用いられ、通常「**〜すること**」と訳されます。

ここでは、**動名詞が主語になるケース**をマスターしましょう。例えば、**パターン 62** で学んだ形式主語の It を使えば、**It's difficult to read the weather these days.**（最近は天気を予測するのが難しいです）のようになりますが、動名詞を主語にすれば、**Reading the weather is difficult these days.** と言えるわけです。

すぐにチェック！ ミニ会話

M : I have a hangover again.
W : **Drinking** too much **is** bad for you.

男：また二日酔いになっちゃったよ。
女：お酒の飲み過ぎは体に悪いわよ。

> I have a hangover. は「二日酔いです」の意味です。I've a hangover. と言うこともあります。「お酒の飲み過ぎ」は Drinking too much ですが、「食べ過ぎ」であれば Eating too much となります。

使える！ 最も使える３例文

① Talking with Lana is a lot of fun.

意味 ラナと話をするのはとても楽しいです。
なるほどポイント！ 主語は Talking with Lana の部分です。fun は抽象名詞なので、「とても楽しい」を very fun と言うことはできません。ネイティブの中にも very fun と言う人がいますが、それは誤用です。単に「楽しい」のであれば〜 is fun、「とても楽しい」のであれば〜 is a lot of fun と言います。

② Collecting stamps is one of my hobbies.

意味 切手収集は私の趣味の１つです。
なるほどポイント！ 主語の Collecting stamps は「切手を集めること ⇒ 切手収集」の意味です。なお、同じ「趣味」でも切手収集のように専門知識と労力を費やして行うものは hobby で表し、読書や映画鑑賞などの娯楽・気晴らしは pastime で表すのが一般的です。

③ Smoking is not allowed here.

意味 ここは禁煙です。
なるほどポイント！ 動詞名詞 Smoking（喫煙すること）が主語です。よって、文の意味は「喫煙はここでは許されていません ⇒ ここは禁煙です」となります。このパターンを使えば、Taking pictures is not allowed here.（写真撮影はここでは許されていません）とも言えますね。

ボキャブラリー

ミニ会話 □ hangover 名 二日酔い

パターン 63 …することは〜です

パターン 64 それは〜です

と言いたいときはコレ → That ＋ 動詞

なるほど！ こう考えればカンタンに使える

日本語で「それは〜」と聞くと、主語は必ず It でなければならないと考える人が多いようです。しかし英語では、**That＋be 動詞／一般動詞** もよく用いられます。「それはいいアイデアですね」も **It's a good idea.** だけでなく、ネイティブは **That's a good idea.** と頻繁に言います。

That で始まる文は、**人が直前に話した内容や目の前の様子に言及する** ものがほとんどです。**That＋be 動詞** であれば **That's enough.**（もうたくさんだ）や **That's fine with me.**（私はそれで構いませんよ）などが、**That＋一般動詞** であれば **That hurts.**（痛い）や **That smells good.**（いいにおいだね）などが代表的な決まり文句です。

すぐにチェック！ ミニ会話

CD 64

M : How about like this?
W : Yeah, **that's** more like it.

男：こんな感じでどうだろう？
女：うん、そっちの方がいいわ。

> That's more like it. は「その方がいい／もっと良くなった」の意味でよく用いられます。同時に「そうこなくっちゃ／その調子」の意味をも持つ決まり文句です。

使える！ 最も使える3例文

① That's it.

意味 それでおしまいです。

なるほどポイント！ That's it.（それでおしまいです / 以上です）は重要な決まり文句です。授業や会議の終了時には、That's it for today.（今日はこれで終わりです）と言いますね。レストランの注文時には、That's it for now.（とりあえず今のところはそれだけお願いします）とも言います。

② That sounds great.

意味 それは素晴らしいですね。

なるほどポイント！ That sounds 〜. は「それは〜ですね」の意味を表します。〜の部分には、great をはじめ、いろんな形容詞が来ます。good（良い）、excellent（素晴らしい）、exciting（ワクワクする）、strange（おかしい）、fun（面白い）なども使って、会話の幅を広げましょう。

③ That will do.

意味 それで結構です。

なるほどポイント！ この場合の動詞 do は「間に合う、十分である」の意味です。よって、That will do. は「それで結構です / それで十分です」の意味になります。会話では、How's this?（これでどうですか）に対して、That will do.（それで結構です）となります。短縮して That'll do. も一般的です。

パターン64 それは〜です

パターン 65 ～じゃないですか

と言いたいときはコレ Isn't it ～?

なるほど！ こう考えればカンタンに使える

Isn't it ～?（～じゃないですか / ～ではないですか）のような否定形の疑問文を**「否定疑問文」**と言います。ここでは be 動詞を含む否定疑問文の練習をしましょう。

否定疑問文は、通例、**Isn't** や **Wasn't** のように短縮形 **n't** を用い、**Isn't this** your umbrella?（これはあなたの傘じゃないですか）のように言います。

ただしこの形を使わなくても、使用頻度は低くなりやや堅い表現となりますが、**not** を後置することで、同じ意味を表すこともおぼえておきましょう。例：**Is this not** your umbrella?

すぐにチェック！ ミニ会話

M : **Aren't you** going to the party tonight?
W : **No, I'm not.**

男：今夜のパーティーには行かないの？
女：ええ、行かないわ。

Are you going to the party tonight? であろうが、Aren't you going to the party tonight? であろうが、女性の答えは否定の内容を表しているので、「行かない」場合は、どちらも No で返答します。

使える！最も使える3例文

① Isn't it way too expensive?

意味 ▶ それってあまりにも高すぎませんか。

なるほどポイント！ ▶ Isn't it expensive? は「それって高くありませんか」ですが、expensive の前に too をつけることで「あまりにも高い」と表現できます。さらに副詞の way（ものすごく、非常に）をつけることで、より程度を強調できます。〈way too 〜〉（あまりにも〜）の形で覚えておきましょう。

② Aren't you Mr. Miller?

意味 ▶ ミラーさんじゃないですか。

なるほどポイント！ ▶「あなたはひょっとしてミラーさんじゃないですか」と確認の意味で質問する場合には、you を強く発音します。しかし、驚きや意外な気持ちを表現する場合の「なんとミラーさんじゃありませんか！」という場合には、Mr. Miller を強く発音します。

③ Weren't you a member of the tennis club in high school?

意味 ▶ あなたは高校時代、テニス部に入っていませんでしたか。

なるほどポイント！ ▶ 過去について言及するときには、Weren't you 〜や Wasn't he 〜のようになるわけですね。「高校時代」を in your high school days や in your high school years とするのは間違いではありませんが、最も簡単に in high school と言うのが自然なネイティブの英語です。

パターン 65 〜じゃないですか

パターン 66 ～ではないんですか

と言いたいときはコレ Don't you *do* ～?

なるほど！ こう考えればカンタンに使える

確認したり念を押すために使われることの多い**否定疑問文**の2回目です。

パターン 65 では **be 動詞**で始まる否定疑問文の練習をしましたが、ここでは **be 動詞以外の動詞**を含む否定疑問文の **Don't you *do* ～、Doesn't he *do* ～、Didn't you *do* ～**と、**助動詞**を含む否定疑問文の **Can't you *do* ～**をマスターしましょう。

Yes / No の答え方については、「**否定疑問文であろうとなかろうと、肯定の答えのときは Yes、否定の答えのときは No となる**」ということを大切なルールとして覚えておきましょう。

すぐにチェック！ ミニ会話

W : **Didn't you buy** milk?
M : **No, I didn't.** Was it on the list?

女：牛乳は買わなかったの？
男：うん、買わなかったよ。それってメモの中に入ってたの？

お母さんにお使いを頼まれた息子は、牛乳を買い忘れたみたいです。この場合の list は、grocery list（買い物メモ）のことを指しています。つまり、買い物（食料品）をリストアップしたメモのことを言います。

使える！最も使える３例文

① Don't you like it?

意味 ▶ それは好きじゃないんですか。
なるほどポイント！ ▶ 相手に「〜は好きじゃないんですか？」と言いたいときには、it の部分にいろんな語を入れれば、Don't you like sports? や Don't you like vegetables? などと質問ができますね。「好き」であれば Yes, I do. と、「嫌い」であれば No, I don't. と言えばよいのです。

② Doesn't he play golf?

意味 ▶ 彼はゴルフをしないのですか。
なるほどポイント！ ▶ 例文1 と同じく、この文も「あの人ならゴルフくらいすると思うんだけど、彼はゴルフをしないんですか？」というような驚きや意外な気持ちを表しています。この質問に対し、「いいえ、彼はします」であれば Yes, he does. と、「はい、彼はしません」であれば No, he doesn't. と答えます。

③ Didn't I tell you?

意味 ▶ だから言ったでしょ？
なるほどポイント！ ▶ 文尾に that をつけて、Didn't I tell you that? と言うこともあります。意味は「私の言った通りでしょ？／だから言ったでしょ？」です。同時に、「私、あなたに言いませんでした？」と言いたい場合にも使えます。どちらの意味になるかは、状況と言い方ですぐに判断できます。

頻出！これが言いたい54パターン

パターン66 〜ではないんですか

パターン 67 もう〜しました / ずっと〜しています / 〜したことがあります

と言いたいときはコレ → **I have ＋ 過去分詞**

なるほど！ こう考えればカンタンに使える

現在完了 have【has】＋ 過去分詞 は主に、
① **動作・出来事の完了・結果**：「〜したところだ / もう〜してしまった」
② **現在までの動作・状態の継続**：「今までずっと〜している」
③ **現在までの経験**：「〜したことがある」などの意味を表します。

①完了・結果

I've just finished my homework.（私はちょうど宿題を終えたところです）

②継続

We've been friends for more than ten years.（私たちは10年以上も友達付き合いを続けています）

③経験

I've been to Thailand before.（私は以前タイに行ったことがあります）

すぐにチェック！ ミニ会話

M：What happened to Lisa?
W：**She's been** sick since yesterday.

男：リサはどうしたの？
女：彼女は昨日からずっと病気なの。

She's been sick since yesterday. は、現在までの状態の「継続」を表しています。同じ継続を表す She's been sick for three days. であれば、「彼女は3日間ずっと病気です」の意味になります。

使える！ 最も使える３例文

① I've **already** **finished** lunch.

意味▶ 私はすでに昼食を済ませました。
なるほどポイント！▶ 「完了・結果」を表す例です。現在までの動作の完了を表すと共に、その結果として現在どうなっているかを説明しています。このように、already（すでに）、just（ちょうど）、yet（まだ、もう）などの副詞を伴う場合には、完了・結果を表すことが多いのです。

② I've **known** him for almost twenty years.

意味▶ 彼とはもう約20年のつき合いです。
なるほどポイント！▶ 直訳をすると「私は約20年間彼を知っています」という意味です。状態動詞 know が使われ、現在までの状態の「継続」を表しています。継続を表す場合は、for（～の間）や since（～以来）などを用いた期間の副詞語句（for ten years / since 1995）を伴うことが多いです。

③ I've **seen** it before.

意味▶ 私はそれを以前に見たことがあります。
なるほどポイント！▶ 現在までの「経験」（～したことがある）を表す例です。経験を表す場合は、before（以前に）、never（１度も～ない）、once（１度、かつて）、often（何度も）のような経験の有無や回数・頻度を示す副詞を伴うことが多いです。

パターン 67 もう～しました / ずっと～しています / ～したことがあります

パターン 68 もう〜しましたか / ずっと〜していますか / 〜したことがありますか

と言いたいときはコレ Have you ＋ 過去分詞 ?

なるほど！ こう考えればカンタンに使える

ここでは **パターン 67** を**疑問文**にして、現在完了を用いた質問を自由にできるように練習しましょう。

特に①**動作・出来事の完了・結果は副詞にも注意**して例文をマスターしてほしいと思います。**yet** は疑問文で「**もう（〜した）**」、否定文で「**まだ（〜しない）**」、**already** は肯定文で「**もう（〜した）**」の意味を持つ副詞です。

加えて、**already** は**疑問文**でも用いられることがあり、**「もう（〜したの？）」という驚きの気持ち**を表します。例：**Have you read the book yet?**（その本はもう読みましたか）、**Have you read the book already?**（その本をもう読んでしまったんですか［早いなあ…］）

すぐにチェック！ ミニ会話

Ⓜ: **How long have you been** here?
Ⓦ: **I've been** here for three months.

男：こちらに来てからもうどれくらいになりますか。
女：もう3ヵ月になります。

「継続」を用いた質問と答えの例です。女性の返答の I've been here (for) three months. は簡略化して、For three months. と言ってもOKです。

使える！ 最も使える3例文

① Have you finished packing yet?

意味▶ 荷造りはもう終わりましたか。
なるほどポイント！▶ 動作の「完了」を表す文です。finish の後には〈名詞/動名詞〉が来ます。Have you finished 〜? のパターンを覚えておくと、〜の部分に your homework（宿題）、your work（仕事）、typing your report（レポートのタイピング）など、語の置き換えが自由にできます。

② Have you watched any interesting movies lately?

意味▶ 最近、何か面白い映画を見ましたか。
なるほどポイント！▶ lately（最近）を用いて、最近という時間領域内での動作・出来事の「完了」に言及しています。「最近、何かよい本を読みましたか」であれば、Have you read any good books lately? と言えばよいですね。

③ Have you ever been abroad?

意味▶ これまで海外に行ったことがありますか。
なるほどポイント！▶ 「経験」を表す例です。abroad は副詞なので前置詞の to はつきません。「アメリカに」であれば、Have you ever been to the States? となります。具体的な場所については、Have you ever been to 〜? や Have you ever visited 〜? のパターンを使うとよいでしょう。

─ ボキャブラリー ─

例文3 □ abroad 副 海外に、海外へ（= overseas）

パターン68 もう〜しましたか/ずっと〜していますか/〜したことがありますか

パターン69 〜はいかがですか / 〜はどうしましょうか

と言いたいときはコレ **How do you like 〜?**

なるほど！ こう考えればカンタンに使える

How do you like 〜? は、相手に①「**感想**」を尋ねて「**〜は気に入りましたか / 〜はいかがですか / 〜の印象はどうですか**」と言う場合と、②「**好み**」を尋ねて「**〜はどのように（料理）いたしましょうか**」と言う場合に使う重要な決まり文句です。

①「感想」を尋ねて

How do you like my dress?
（私のドレスをどう思いますか）
How do you like it here?
（当地はいかがですか）

②「好み」を尋ねて

How do you like your coffee?
（コーヒーはどのようにしますか）

（より丁寧に言う場合）
How would you like 〜?
（〜はどのように致しましょうか）

すぐにチェック！ ミニ会話

W: **How would you like your money?**
M: **Six 50's, five 20's, and ten 10's.**

女：内訳はどのようになさいますか。
男：50ドル紙幣を6枚、20ドル紙幣を5枚、10ドル紙幣を10枚ください。

もっと単純に How would you like that? と聞かれることもあります。お金を扱っていることが互いにわかっている場面であれば、your money は that と言うだけで OK です。

使える！最も使える3例文

① How do you like Japan?

意味 日本はいかがですか。

なるほどポイント！ How do you like 〜?（〜はいかがですか）を使って、外国人に How do you like Japanese food?（和食はお好きですか）や How do you like living in Japan?（日本での暮らしはどうですか）と聞いてみるのもよいでしょう。

② How would you like to pay?

意味 お支払いはどうされますか。

なるほどポイント！ お店やホテルなどで支払いについて聞かれる質問です。この質問に対しては通常、I'd like to pay with [by] cash.（現金で支払います）や I'd like to pay with a credit card.（カードで支払います）と答えます。

③ How would you like your steak?

意味 ステーキの焼き加減はどうしますか。

なるほどポイント！ How would you like your steak done [prepared]？と聞かれることもあります。返答としては、I'd like it medium, please.（ミディアムでお願いします）や、ごく簡単に Rare, please.（レアにしてください）や Well-done, please.（ウェルダンにしてください）と言ったりします。

パターン69 〜はいかがですか / 〜はどうしましょうか

パターン 70

～はどうですか / ～するのはどうですか

と言いたいときはコレ How【What】about ～?

なるほど！ こう考えればカンタンに使える

How【What】about ～?（～はどうですか / ～するのはどうですか）は、**相手に何かを提案したり勧めたりする**ときに便利な表現です。どちらかといえば、**How about ～?** の方が少しくだけた感じがありますが、会話ではどちらもほとんど同じ意味で用いられます。使用頻度としては、**How about ～?** の方が、**What about ～?** よりも高いようです。

いずれも、**about** の後には〈**名詞 / 代名詞 / 動名詞**〉が続きます。よって、**How【What】about** this red one?（この赤いのはどうですか）や **How【What】about** playing tennis tomorrow?（明日、テニスをするのはどうですか）のようになります。

すぐにチェック！ ミニ会話

M: How about going to the Italian restaurant this weekend?
W: I'd love to, but I'll be out of town this weekend.

男：今週末、そのイタリアンレストランに行くのはどう？
女：ぜひそうしたいんだけど、今週末は出かけてしまって留守をするの。

How about の後の動詞は動名詞にします。だから、going ですね。I'd love to, but ～（そうしたいのは山々なのですが、～）は相手の誘いを丁寧に断る言い方です。

使える！ 最も使える3例文

① How about some coffee?

意味▶ コーヒーはどうですか。

なるほどポイント！ coffee の代わりに、wine や beer であれば、How about some wine [beer]?（ワイン [ビール] はどうですか）となります。「〜を1杯どうですか」と勧める場合には、How about a cup of coffee? や How about a glass of wine [beer]? と言います。

② How about two o'clock?

意味▶ 2時はどうですか。

なるほどポイント！ What time shall we meet tomorrow?（明日何時に会いましょうか）と聞かれた場合、How [What] about two o'clock? と提案することができます。When shall we meet? に対しては、How about next Wednesday?（来週の水曜日はどうですか）と答えることもできますね。

③ What about going out to eat tonight?

意味▶ 今夜、外食するのはどう？

なるほどポイント！ What [How] about の後に動名詞が来る例です。「外食する」は eat out でもよいのですが、ネイティブは go out to eat の方を多用します。よりくだけた表現として、What [How] about の後に文をつなげて、What [How] about we go out to eat tonight? と言うことも可能です。

ボキャブラリー

ミニ会話 □ out of town 留守にして、出張で出かけて

パターン70 〜はどうですか / 〜するのはどうですか

パターン71 〜でしょうか / 〜かしら

と言いたいときはコレ I wonder 〜

なるほど！ こう考えればカンタンに使える

I wonder 〜は後に wh 節や if 節をつけて、**「〜でしょうか / 〜かなあ / 〜かしら」**の意味を表し、男性女性共に使う表現です。ただし、I wonder 〜は少し婉曲的な表現を作る場合が多いので、**男性よりも女性の方がよく用いる傾向**があります。

I wonder 〜は、物事について「不思議に思う / 気になる」というときだけでなく、**丁寧に依頼するとき**にも使います。それだけで丁寧な依頼表現なのですが、if の後に助動詞の過去形（**could** や **would**）を用いるとより丁寧になります。また、**I was wondering if 〜**とすると丁寧さがさらに増します。

すぐにチェック！ ミニ会話

W：**I was wondering** if I could have your autograph.
M：My autograph? Sure thing.

女：サインをいただけないでしょうか。
男：私のサインですか？もちろん OK ですよ。

> 女性は男性にサインを丁寧に依頼しています。autograph は「（有名人からもらう）サイン」のことを言います。

使える！ 最も使える3例文

① I wonder what has become of him.

意味 ▶ 彼はどうなったんだろう。

なるほどポイント！ ▶ become of ～は、久しく会っていない人の安否を気遣う表現で「～はどうなったんだろう／～はどうしているんだろう」と言いたい場合に、よく用います。I wonder what's going on with him.（彼は一体どうしてるんだろう）も一緒に覚えておくと便利ですよ。

② I wonder when he will be back.

意味 ▶ 彼女はいつ戻ってくるのでしょう。

なるほどポイント！ ▶ I wonder の後に when を用いた節が続いています。I wonder の後には、why 節や how 節を続ければ、I wonder why ～（なぜ～なんだろう）や I wonder how ～（どのように～なんでしょう）なども表現できます。

③ I wonder if you could help me.

意味 ▶ ちょっと助けてもらえませんでしょうか。

なるほどポイント！ ▶ これは I wonder if you can help me. よりも丁寧な言い方ですが、もっと丁寧に依頼したいのであれば、I was wondering if you could help me.（ちょっと助けてもらえればと思っていたのですが）と言うこともできます。

──── **ボキャブラリー** ────

ミニ会話 □ Sure thing. もちろん、OK ですよ。

パターン 71　～でしょうか／～かしら

パターン 72 〜しようとしています

と言いたいときはコレ I'm trying to *do* 〜

なるほど！ こう考えればカンタンに使える

try は「試みる/やってみる」という意味の動詞ですが、**try to *do* 〜**の形で現在時制で用いる場合は、**「(習慣的に)〜しようとする」**という意味でよく使われます。それを進行形の be動詞+trying to *do* 〜の形にすると、**「(今)〜しようとしている」**という行為の進行を表すと共に**「(ここ最近)〜しようとしている」**という**「行為の習慣的な継続」**をも表します。

さらに、**「これから〜してみる」**という未来の**「予定」**を表す場合には **will try to *do* 〜**の形を、**「すでに〜してみた」**という過去を表す場合には **tried to *do* 〜**の形を使えば OK です。

すぐにチェック！ ミニ会話

M: Could you give this book back to Bill?
W: Sure. **I'll try to do** that this week.

男：この本をビルに返してもらえるかなあ？
女：いいわよ。今週そうするわ。

> 女性は I'll try to 〜と言っているので、「どうにか頑張って〜します」と言っているわけですね。do that とは、本を返却すること、つまり give it back to him を表しています。

使える！ 最も使える3例文

① I'm trying to increase my English vocabulary.

意味 私は英語の語彙を増やそうとしています。
なるほどポイント！ I'm trying to do ～は、（最近）自分が行っている行為の継続を表しています。「語彙を増やす」は、increase *one's* vocabulary の他、build up *one's* vocabulary や expand *one's* vocabulary とも言います。ここでの vocabulary は不可算名詞です。

② She tries not to eat much junk food.

意味 彼女はジャンクフードをあまり食べないようにしています。
なるほどポイント！ 〈try to do ～〉の形を用いて、最近の習慣的行動について述べています。否定の場合は try not to do ～のように、to do の前に not を入れます。not ～ much は「あまり～ない」の意味です。**例**：I didn't spend much money.（私はあまりお金を使わなかった）

③ When I was young, I tried to go to bed before 10 o'clock every night.

意味 幼い頃、私は毎晩10時前に寝るようにしていました。
なるほどポイント！ I tried to do ～は、過去に言及して「～しようとした」という意味です。過去形の場合は、〈tried doing ～〉だとその行為自体が実行されたことを意味しますが、〈tried to do ～〉だとそれが実行されたかどうかは文脈次第であるというニュアンスの違いがあります。

ボキャブラリー

ミニ会話 □ give A back to B　A を B に返す

パターン 72　～しようとしています

パターン73 〜しようと思っています

と言いたいときはコレ I'm thinking of [about] *doing* 〜

なるほど！ こう考えればカンタンに使える

「今から自分がしようと思っていること」や「近い将来自分が実行に移すであろう予定・計画」について話すときに使う表現が、**I'm thinking of *doing* 〜**（〜しようと思っています）です。**of** を **about** にして、**I'm thinking about *doing* 〜** と言っても同じ意味を表します。

パターン17 のように **I'm going to *do* 〜** と言えば、すでに決まっていることについて述べるわけですが、**I'm thinking of [about] *doing* 〜** は、「まだ決定してはいないけども（あるいはまだ迷っている状態だけども）、今はそのようにしようと考えている」というニュアンスを表します。

すぐにチェック！ ミニ会話

M: **I'm thinking of buying** a new car.
W: What? You bought a brand-new one just last year!

男：新しい車を買おうと思っているんだ。
女：えっ？あなた去年新車を買ったばかりじゃないの！

何かの購入を考えている場合、I'm thinking of buying 〜（〜を買おうと思っています）はよく使われるパターンです。

使える！ 最も使える３例文

① I'm thinking of studying in Canada next April.

意味 私は来年の４月にカナダに留学しようと思っています。
なるほどポイント！ ここの studying in Canada は「カナダで勉強する ⇒ カナダに留学する」の意味になります。ただ単に「来年は留学を考えています」であれば、I'm thinking of studying abroad next year. や I'm thinking of going abroad to study next year. と言えばよいでしょう。

② I'm thinking of quitting my job.

意味 仕事を辞めようかと考えています。
なるほどポイント！ 最初は何となく I feel like quitting my job.（仕事を辞めたい気分です）と思い、その後 I'm thinking of quitting my job.（仕事を辞めようかと考えています）と考え、最後は I've quit my job.（仕事を辞めました）となるわけです。

③ I'm thinking about working part-time this summer.

意味 この夏はアルバイトをしようと思っています。
なるほどポイント！ work part-time（アルバイトをする）は非常によく使われる表現です。part-time は副詞で「パートタイムで」の意味を表します。夏休みにレストランなどでウェートレスをしたい人であれば、I'm thinking of working part-time as a waitress this summer. と言えば OK です。

ボキャブラリー

ミニ会話 □ brand-new 形 新品の

パターン73 〜しようと思っています

パターン 74 ～するつもりです

と言いたいときはコレ I'm planning to *do* ～

なるほど！こう考えればカンタンに使える

パターン 73 の I'm thinking of *doing* ～と比べ、**I'm planning to *do* ～**（～するつもりです / ～を計画中です）は**自分の計画や意図をより確信を持って伝える表現**です。plan という動詞自体が「計画を立てる」の意味なので、その進行形と考えると、I'm thinking of *doing* ～の次の段階で使われる表現だと理解できるでしょう。

I'm planning to *do* ～は **to** 不定詞が使われる表現ですが、動名詞を用いた **I'm planning on *doing* ～**という表現も同じ意味を表し、こちらも会話でよく用いられます。planning の後の前置詞は **on** になるので、thinking の後の **of** と混同しないよう注意しましょう。

すぐにチェック！ミニ会話

Ⓜ：**I'm planning to buy** a house this fall.
Ⓦ：Really? A new one?

男：この秋に家を買うつもりなんだ。
女：本当？新築の？

I'm planning to buy ～（～を買うつもりです / ～を買う計画です）は、すでに購入を計画している場合に用いる表現です。同じことを動名詞を用いて、I'm planning on buying ～と言うこともできます。

使える！ 最も使える３例文

① I'm planning to stay there for two weeks.

意味▶ そこには２週間滞在するつもりです。
なるほどポイント！▶ 旅行やビジネスでの滞在について語るときには、この表現が便利です。これを応用すれば、I'm planning to stay in the U.S. for three months.（私はアメリカに３ヶ月滞在する予定です）とも言えます。

② I'm planning to see a dentist next week.

意味▶ 来週歯医者に行くつもりです。
なるほどポイント！▶ 歯医者には定期的に行って検診を受けておく方がよいですね。特にアメリカでは歯の治療費はとてつもなく高いですから。「歯医者に行く」は see a dentist の他、go to the dentist や go to the dentist's とも言います。

③ We're planning to go to Europe for vacation this summer.

意味▶ 私たちはこの夏休暇にヨーロッパに行く予定です。
なるほどポイント！▶ Europe の部分を、New Zealand（ニュージーランド）、Sweden（スウェーデン）、Hong Kong（香港）、Israel（イスラエル）などいろんな地名に置き換えて、練習してみましょう。ヨーロッパ旅行だけでなく、一生のうちに１度は世界旅行をしてみたいですよね。

頻出！これが言いたい54パターン

パターン74 〜するつもりです

パターン75 ～を楽しみにしています

と言いたいときはコレ I'm looking forward to ～

なるほど！ こう考えればカンタンに使える

look forward to ～は「～を楽しみにして待つ」の意味を表します。この to は**前置詞**であり、後には〈**名詞 / 代名詞 / 動名詞**〉が続きます。to 不定詞を導く to ではないので、注意しましょう。

look forward to ～は、**I'm looking forward to ～**のように**現在進行形**で使うケースが最も多いようです。進行形なので、「**今か今かと～を待ち望んでいる**」感じを表せます。

一方、**I look forward to ～**のように**現在形**の場合は、「**特に期間を限定せず～を待ち望んでいる**」という感じで、**少し改まったニュアンス**があります。

すぐにチェック！ ミニ会話

M: **I've been looking forward to** this day.
W: I know exactly how you feel.

男：この日をずっと楽しみにして待っていたんだ。
女：あなたの気持ち、よくわかるわ。

現在完了進行形の I've been looking forward to ～は「～をこれまで心待ちにしていた」というニュアンスです。文末が to this day なので、「とうとう待ちに待った日がやって来た」と訳してもよいでしょう。

使える！最も使える３例文

① I'm looking forward to seeing you.

意味 お会いするのを楽しみにしています。
なるほどポイント！ I'm looking forward to seeing you again. と言えば、「またお目にかかるのを楽しみにしています」の意味になります。相手に会うことを非常に楽しみにしている場合には、I'm really [very much] looking forward to seeing you (again). と言ってもよいですね。

② We are all looking forward to our trip.

意味 私たちはみな、旅行を楽しみにしています。
なるほどポイント！ to の後には、our trip という名詞が来ています。同様に、「夏休み」や「クリスマス」を楽しみにしているのであれば、We're all looking forward to summer vacation. や We're looking forward to Christmas. と言えばよいですね。

③ I'm looking forward to hearing from you soon.

意味 早急にお返事をお待ちしています。
なるほどポイント！ 友達やよく知った人に対しては、I'm looking forward to hearing from you soon. とよく言いますが、ビジネスでの会話やビジネスレターの末文などでは、少し改まった感じの I look forward to hearing from you soon. と現在形を用いる人が多いようです。

ボキャブラリー

ミニ会話 □ exactly 副 まさしく、まさに
例文3 □ hear from ~ ~から連絡をもらう

パターン75 ~を楽しみにしています

パターン76 〜は初めてです

と言いたいときはコレ This is my first ＋ 名詞

なるほど！ こう考えればカンタンに使える

自分の「経験」を語る際に「〜は初めてです」と言いたいときには、**This is my first 〜** の直後に適当な「名詞」をつけ加えます。
例：**This is my first try.**（これは私にとって初挑戦です）、**This is my first garage sale.**（ガレージセールは初めての体験です）

ただし、この形が最も頻繁に使われるケースは、**time** を用いた **This is my first time *doing* 〜**、または **This is my first time *to do* 〜** です。*doing*（動名詞）と *to do*（to 不定詞）は通常、会話の中では意味の差はなく、どちらも「〜するのは初めてです」の意味を表します。*doing* の方が若干ですが、使用頻度が高いようです。

すぐにチェック！ ミニ会話

M: **Is this your first time in Japan?**
W: **No. In fact, this is my third time here.**

男：日本に来るのは今回が初めてですか。
女：いいえ。実は今回で3回目なんです。

Is this your first visit to Japan? と聞くこともできます。「初めての」体験ではなく、「2回目」や「3回目」であれば、This is my second time 〜 や This is my third time 〜 と言えばよいですね。

使える！最も使える3例文

① This is my first time snowboarding.

意味 ▶ スノーボードをするのはこれが初めてです。
なるほどポイント！ ▶ This is my first time の後に *doing* の形が来ています。この場合の snowboard は「スノーボードをする」の意味の動詞です。他にも skiing、surfing、playing hockey などいろんな初挑戦に使ってみましょう。

② This is his second time to go to Hawaii.

意味 ▶ 彼がハワイに行くのはこれが2度目です。
なるほどポイント！ ▶ his second time の後に to *do* の形が来ています。*doing* と to *do* の形のどちらを使ってもよいので、両方使えるように練習しておきましょう。

③ Is this your first time to eat sushi?

意味 ▶ 寿司を食べるのは初めてですか。
なるほどポイント！ ▶ ここも your first time の後には to *do* の形が来ています。外国人に日本食について聞くチャンスは多いはずです。sushi の部分に、natto（納豆）、sukiyaki（すき焼き）、oden（おでん）などいろんな日本食の名称を入れてどんどん質問してみてください。

頻出！これが言いたい54パターン

パターン76 〜は初めてです

パターン77 ～する機会があります

と言いたいときはコレ I have [get] a chance to *do* ～

なるほど！ こう考えればカンタンに使える

chance も opportunity も「機会」の意味を表しますが、chance の方がよりくだけた語で、日常会話ではより頻繁に使われ、しばしば偶然性を強調します。

have a chance to *do* ～（～する機会がある）の **have** の代わりに、**get** を使うこともよくあります。意味はほとんど同じですが、**get a chance to *do* ～** と言うと「**～する機会をつかむ**」のニュアンスが出ます。

have [get] a chance の後には **of *doing*** の形が来ることもありますが、**have [get] a chance to *do*** のように **to 不定詞**を用いるケースの方が多いです。

すぐにチェック！ ミニ会話

W : Did you have a chance to see the Grand Canyon?
M : Oh, yes. It was magnificent.

女：グランドキャニオンを見る機会はありましたか。
男：ええ、ありましたよ。壮大でした。

> 女性は男性に「この度の旅行ではグランドキャニオンを見るチャンスがありましたか」と聞いているわけです。

使える！ 最も使える３例文

① I had a chance to talk with him last week.

意味 ▶ 先週彼と話をする機会がありました。
なるほどポイント！ ▶ 「彼に会って話をしたかったのだが、運良く先週その機会が得られた」という意味です。chance の持つ「偶然性」を強調すれば、「彼と話をする機会が与えられるなんてまったく考えてもみなかったのに、先週たまたま彼と話をすることができた」という意味にもなり得ます。

② Did you have a chance to catch the movie?

意味 ▶ もうその映画は見ましたか。
なるほどポイント！ ▶ 直訳をすると「その映画を見るチャンスはありましたか」となります。これを応用すれば、Did you have a chance to read the book?（もうその本は読みましたか）とも言えますね。

③ I didn't get a chance to say hello to her.

意味 ▶ 彼女に挨拶をする機会がありませんでした。
なるほどポイント！ ▶ 「彼女に挨拶をしたかったのに、その機会が訪れなかった」というニュアンスです。これを応用すれば、I didn't get a chance to say goodbye to her.（彼女にさよならを言う機会がありませんでした）とも言えますね。

ボキャブラリー

ミニ会話 □ magnificent 形 壮大な、見事な
例文２ □ catch a movie 映画を見る（＝ watch a movie / see a movie）
例文３ □ say hello to 〜 〜に挨拶する

パターン 77 〜する機会があります

パターン 78 〜と言っているのですか

と言いたいときはコレ ▶ **Are you saying (that) 〜?**

なるほど！ こう考えればカンタンに使える

Are you saying (that) 〜? は、「あなたがおしゃっているのは〜ということですか」の意味を表します。**Do you mean (that) 〜?** と同じ意味です。しばしば文頭に **So** をつけて、**So, are you saying (that) 〜?** と言います。この表現は大きく2つの意味で用いられます。

1つは、相手の言っていることを自分が正しく理解しているかを「**確認**」するために、あるいはコミュニケーション上の誤解をふせぐために「**あなたが言っているのは〜ということなんでしょうか**」と言う場合です。

もう1つは、相手の発言内容に対して憤り・怒りを感じながら「**(まさか) あなたは〜とでもおっしゃりたいんですか**」と「**抗議**」する場合です。

すぐにチェック！ ミニ会話

W: **Are you saying** this is my fault?
M: No, that's not what I'm saying.

女：これは私のせいだとおっしゃるのですか。
男：いや、私が言っているのはそんなことではありませんよ。

> That's not what I'm saying. は、That's not what I mean. と言っても同じ意味を表します。あるいは、Don't get me wrong.(誤解しないでくださいよ) と言ってもよいでしょう。

使える！最も使える3例文

① Are you saying that's not enough?

意味 それでは不十分とおっしゃるのですか。
なるほどポイント！ Are you saying 〜は、単なる確認の意味としても、相手へ不満やいら立ちをぶつけるチャレンジとしても用いることが可能です。要はその言い方・声の調子で、伝えるメッセージ、ニュアンスが異なってくるわけです。That's not enough. は「それでは不十分です」の意味です。

② Are you saying you want to marry me?

意味 私と結婚したいって言ってるわけ？
なるほどポイント！ はっきりとした言葉で結婚のプロポーズをしなければ、相手にこんな風に言われてしまいます。You mean, you want to marry me?（私と結婚したいってこと？）と同じ意味です。marry me の marry は「〜と結婚する」という意味の他動詞です。

③ Are you saying I'm a liar?

意味 私が嘘つきだとおっしゃるのですか。
なるほどポイント！ これは、明らかに相手への抗議や問い正しを行う質問文です。英語の liar は、日本語の「嘘つき」以上にネガティブな意味を持ち、人の人格を否定するほどの意味を含む強い語です。

頻出！これが言いたい54パターン

パターン78　〜と言っているのですか

パターン79 〜ですよね

と言いたいときはコレ ► You're 〜, aren't you?

なるほど！ こう考えればカンタンに使える

You're Mr. Anderson, aren't you?（あなたはアンダーソンさんですよね）というような文を**「付加疑問文」**と言います。**「〜ですよね？」**と相手に確認したり、同意を求めたりするときに、平叙文の後に短縮の疑問形 **助動詞 / be 動詞** ＋ **主語** を付加する形です。最後の主語には、その文の主語を表す**代名詞**を使います。**肯定文には否定の疑問文、否定文には肯定の疑問文**をつけます。

イントネーションについては、話し手がすでに答えを知っていると思われるときには**「確認」**なので**下降調**を、答えがはっきりわからなくて相手に **Yes / No** で返答してほしいときには**「質問」**なので**上昇調**を用います。

すぐにチェック！ ミニ会話

W: **You're** in charge of this project, **aren't you**?
M: Yes, that's right.

女：あなたがこのプロジェクトの担当者ですよね。
男：はい、その通りです。

> 女性は男性がプロジェクトの担当者がどうかはっきりとわかっていないため、上昇調で質問をしています。

使える！最も使える3例文

① That's not fair, is it?

意味 それは不公平ですよね。
なるほどポイント！ カンマの前までが否定文なので、カンマの後は肯定の疑問文になっています。主語が That の場合は、付加疑問は that を用いるのではなく、it を用いることに注意しましょう。この質問に対して賛同する場合は、「公平ではない」と否定するので No, it isn't. になります。

② You like apples, don't you?

意味 リンゴはお好きですよね。
なるほどポイント！ 一般動詞（like）を用いた肯定文に続く付加疑問文なので、don't you? となっています。上昇調に読めば「好きなんですか」という質問になりますが、下降調に読めば「好きですよね」という確認になります。付加疑問文を理解するときには、イントネーションに注意しましょう。

③ You can go without me, can't you?

意味 1人で行けるよね。
なるほどポイント！ 助動詞（can）を用いた肯定文に続く付加疑問文なので、can't you? となっています。この文の場合もイントネーションに注意です。上昇調に読めば「1人で行ける？」という質問になりますし、下降調に読めば「1人で行けるよね」という確認になります。

ボキャブラリー

ミニ会話 □ in charge of 〜　〜を担当して、管理して

パターン79 〜ですよね

パターン80 ～と同じくらい…です

と言いたいときはコレ → 主語 + 動詞 + as + 形容詞 / 副詞 + as ～

なるほど！ こう考えればカンタンに使える

原級を用いた比較表現です。主語の後の動詞としては、**be動詞**、**助動詞＋動詞**、**一般動詞**などが用いられます。重要なのは、その後の部分の **as + 形容詞 / 副詞 + as**（～と同じくらい…だ）の部分です。

① as + 形容詞 / 副詞 + as （～と同じくらい…だ）

Alice is as tall as Susan (is).（アリスはスーザンと身長が同じくらいです）
Susan runs as fast as Alice (does).（スーザンはアリスと同じくらい速く走ります）

※英文の（ ）の部分は省略可能です。

② not + as / so + 形容詞 / 副詞 + as （～ほど…ではない）

Mary is not as [so] tall as Ann (is).（メアリーはアンほど背が高くありません）

すぐにチェック！ ミニ会話

🅜：**Is Sara a good cook?**
🅦：**Oh, yeah. In fact, she can cook as well as her mother.**

男：サラは料理が上手なの？
女：もちろんよ。実は、彼女はお母さんと同じくらい料理が上手なのよ。

文末の her mother の後には can が省略されています。a good cook の cook は名詞で「料理人、コック」、can cook の cook は動詞で「料理をする」の意味です。

使える！ 最も使える3例文

① It's as simple as that.

意味 それほど簡単ですよ。
なるほどポイント！ 相手にそれ（It）がどのくらい簡単なのかを説明した後で、「それは今私が説明したそれ（that）くらい簡単ですよ」と言う場合の決まり文句が It's as simple as that. です。映画のセリフの中にもよく出て来ますから、注意して聞いてみてください。

② Japan is almost as large as the state of California.

意味 日本はカリフォルニア州とほぼ同じくらいの広さです。
なるほどポイント！ 日本紹介をするときに使える格好の例文です。まったく同じ大きさではなく、「ほぼ」と言っているので、almost をつけるわけですね。日本は実際には、カリフォルニア州よりも少し小さく、モンタナ州とほぼ同じくらいの広さです。

③ Jane isn't as young as she looks.

意味 ジェーンはみかけほど若くはありません。
なるほどポイント！ 〈not as young as〉の形になっています。「〜ほど…ではない」という意味ですから、as she looks の部分は「彼女が見えるほど ⇒ みかけほど」の意味となるわけですね。物であれば、It's not as bad as it looks.（それは見た目ほど悪くありません）とも言えますね。

ボキャブラリー

ミニ会話 □ in fact 実際には

パターン80 〜と同じくらい…です

パターン81 〜よりも…です

と言いたいときはコレ ▶ 主語 + 比較級 + than 〜

なるほど！ こう考えればカンタンに使える

2つのものを比較するとき、**原級**に **-er** または **more** をつけて、**比較級**を用いることがあります。**比較級 + than 〜** で「**〜よりも…だ**」の意味を表します。

大ざっぱなルールとして、1音節語には **-er** を（**taller / sooner / faster** など）、2音節語または3音節（以上）の語には原級に **more** を（**more important / more beautiful / more carefully / more easily** など）つけると覚えておきましょう。

-er の例

Bill is **older than** David.
（ビルはデイヴィッドよりも年上です）

more の例

This book is **more interesting than** that one.
（この本はあの本よりも面白いです）

すぐにチェック！ ミニ会話

M: How's your new computer?
W: Excellent. It's **much faster than** my old one.

男：新しいコンピュータはどうですか。
女：すばらしいです。私の古いのよりもずっと速いです。

> ここは faster の前に much がついて、比較級を強調しています。my old one の one は computer のことです。

使える！ 最も使える3例文

① She left home later than usual.

意味 彼女はいつもよりも遅く家を出ました。
なるほどポイント！ late が副詞の「遅く」の意味で用いられるときには、比較級は later となります。ここでは、than の前後を見れば明らかですが、「いつもよりも（than usual）遅く」家を出た、という意味になります。

② This bag is more expensive than that one.

意味 この鞄はあれよりも高いです。
なるほどポイント！ expensive は3音節語なので、more をつけた比較級とします。than のあとの that one は that bag（あの鞄）のことを指し、この鞄とあの鞄を比較しているわけですね。that one の後には is が省略されています。

③ She speaks English much better than I.

意味 彼女は私より英語をずっとうまく話します。
なるほどポイント！ much や a lot や far などは、比較級の前につけて、程度の強調を表す語句です。文末の I は、I do と言っても OK です。この文を少し変えれば、She speaks French much more fluently than I.（彼女は私よりもずっと流暢にフランス語を話します）と言うこともできますね。

ボキャブラリー

ミニ会話 □ excellent 形 すばらしい、優れた

パターン81 〜よりも…です

パターン 82 最も〜です

と言いたいときはコレ 主語 + the + 最上級

なるほど！ こう考えればカンタンに使える

3つ以上のものの間での比較が**最上級**です。**the + 最上級** の形で表し、原級に **-est** または **most** をつけます。比較の基準は **of +** 複数名詞/複数代名詞 または **in +** 範囲を表す名詞 の形で示されます。例：**Mike is the smartest of the them all.**（マイクは彼らの中で最も頭がよいです）、**She is the most famous singer in the country.**（彼女は国内で最も有名な歌手です）

大ざっぱなルールとして、1音節語には **-est** を（**oldest / nicest / richest / happiest** など）、2音節語または3音節（以上の）語には原級に **most** を（**most useful / most excellent / most expensive / most quickly** など）つけると覚えておきましょう。

すぐにチェック！ ミニ会話

W：How good a player is Jim?
M：He is **by far the best** player on the team.

女：ジムはどれくらい上手なプレーヤーですか。
男：彼はチームで断トツのトッププレーヤーです。

> 最上級を強める語句としては、by far や much が非常によく用いられます。

使える！最も使える3例文

① It's the oldest building in the town.

意味 それは町で最も古い建物です。
なるほどポイント！ 最上級の後に、〈in＋範囲を表す名詞〉の形が来ている例です。もしも1番ではなくて「2番目に古い建物」であれば、It's the second oldest building in the town. となります。〈the second［third］＋最上級〉（2番目に［3番目に］〜な）の言い方も覚えておきましょう。

② Mt. Fuji is the highest mountain in Japan.

意味 富士山は日本で最も高い山です。
なるほどポイント！ 日本紹介をする際に、これくらいは言えないといけませんよね。It's 3,776 meters. と説明をつけ加えれば一層よいわけですが、外国人の中にはメートルの単位に疎い人もいるので、It's 12,388 feet high. とフィートでも説明できるようにしておけば理想的です。

③ This is the most interesting book I've ever read.

意味 これは私がこれまでに読んだ本の中で最も面白い本です。
なるほどポイント！ 〈This is the most＋形容詞＋名詞＋(that) I've ever＋過去分詞〉（これはこれまで〜した中で最も…な○○です）の形です。関係詞節に経験を表す完了形を用います。**例**：This is the best steak I've ever had. （これは今まで食べた中で一番おいしいステーキです）

頻出！これが言いたい54パターン

パターン82 最も〜です

パターン83 なんという〜でしょう！

と言いたいときはコレ What＋名詞＋主語＋動詞！

なるほど！ こう考えればカンタンに使える

感嘆文は、**What** または **How** で始め、文末に感嘆符（**!**）をつけます。**必ず下降調で発音**します。ここでは、まず **What** を文頭で用いる感嘆文を練習します。**What＋(形容詞)＋名詞＋主語＋動詞！**（なんという〜でしょう！）の形をしっかりと覚えておきましょう。

日常的に用いられる **What** の感嘆文では、形容詞が入らないこともありますし、主語＋動詞の部分はよく省略されます。

> **What a cute girl** she is ! （なんて可愛い子なんだろう！）〈省略OK〉
> **What an interesting article** this is ! （なんて面白い記事なんだ！）〈省略OK〉
> **What an awesome play** that was ! （すごい劇だったね！）〈省略OK〉

すぐにチェック！ ミニ会話

CD 83

M: Wow! **What a surprise** to see you here!
W: Yeah. **What a small world**!

男：わあ！こんな所で君に会うなんてびっくりだよ！
女：うん。世間って狭いわねえ！

> 「嬉しい驚きです」という場合は What a nice surprise (to *do* 〜)! とも言います。What a small world! は、「世間は広いようで、実に狭いねえ！奇遇だね！」というニュアンスの決まり文句です。

使える！ 最も使える3例文

① What beautiful flowers they are!

意味 なんて美しい花なんでしょう！
なるほどポイント！ What の直後に複数名詞の beautiful flowers が来ているので、冠詞の a がついていないわけですね。文末の they are は、目の前にある花だということがわかるので省略して、What beautiful flowers! と言っても OK です。

② What lovely weather!

意味 なんて素晴らしい天気でしょう！
なるほどポイント！ weather は不可算名詞なので、冠詞の a がついていないことに注意しましょう。weather の後には、it is が省略されていると考えてください。「素晴らしい天気」の場合は、lovely という形容詞の他に、beautiful、great、nice、splendid などを用いることも可能です。

③ What a pity!

意味 残念だなあ！
なるほどポイント！ What a pity! は「残念だなあ！惜しいなあ！」などの意味を表す決まり文句です。pity の後には it is が省略されています。これとまったく同じ意味の決まり文句として、What a shame! や What a bummer! も一緒に覚えておくと便利ですよ。

パターン83 なんという～でしょう！

パターン84 なんて〜でしょう！

と言いたいときはコレ How ＋ 形容詞/副詞 ＋ 主語 ＋ 動詞 ！

なるほど！ こう考えればカンタンに使える

　Whatで始まる感嘆文はマスターできましたでしょうか。ここでは、**How**で始まる感嘆文をマスターしていきます。**How**の場合も、感嘆文は**下降調で発音**します。**What**の感嘆文と比較しながら、**How**＋形容詞/副詞＋主語＋動詞！（なんて〜でしょう！）の形をしっかりと覚えておいてください。

　日常的に用いられる**How**の感嘆文では、主語＋動詞の部分はよく省略されます。

> **How happy I am!**（私ってなんて幸せなんでしょう！）
> **How cool** it is（省略OK）**!**（なんてかっこいいの！）
> **How fast he swims!**（彼はなんて速く泳ぐんだろう！）

すぐにチェック！ ミニ会話

M : Hi, Auntie Kristi. How are you doing?
W : Oh my! How much you've grown!

男：こんにちは、クリスティーおばさん。お元気ですか。
女：あらまあ！大きくなったわねえ！

> 文頭にlookをつけて、Look how much you've grown! と言うこともあります。特に背丈に注目して、「背が高くなったわねえ！」であれば、How tall you've grown! と言えばOKです。

使える！最も使える3例文

① How delicious this is!

意味 なんておいしいんでしょう！

なるほどポイント！ おいしい料理を作ってくださった人の前で、この褒め言葉を使いましょう。delicious は心のこもった料理や特別な料理に対して使われます。私たちが普段気軽に言う「おいしい」は、よりカジュアルな good や great で表します。

② How strange!

意味 本当に変だなあ！

なるほどポイント！ 「変だなあ！おかしいなあ！」というときによく使う表現が、How strange! です。strange の後に it is が省略されていると考えてください。日常会話では it is の部分を省略して、How strange! という決まり文句で用いることが多いわけです。

③ How kind of you!

意味 それはどうもご親切に！

なるほどポイント！ you の後に it is to do so が省略されています。副詞 very でさらに強調すれば、How very kind (of you)! となります。「～してくれて本当にありがとう！」という場合は、How kind of you to say that!（そんな風に言ってくださって本当にありがとうございます）のように言います。

ボキャブラリー

ミニ会話 □ Oh my!　おやまあ！、あら～！（= Oh my goodness!）

パターン 84 なんて～でしょう！

復習テスト ②

ここまで学んだ54のパターンを、しっかりマスターできたかどうか確認してみましょう。
- 見開き2ページでワンセットです。左ページの日本語を英語にできるか言ってみましょう。
- 答えは右ページにあります。

1 やればできるよ。

2 18歳を超えていれば、申し込むことができます。

3 タバコをやめた方がいいよ。

4 あなたはもう1度それをチェックしなければなりません。

5 ここで写真を撮影してはいけません。

6 医者に診てもらった方がいいよ。

7 あなたはそれを心配する必要はありません。

8 私は1時間もバスを待たなければなりませんでした。

9 今晩、映画を見に行きましょう。

10 お名前を教えていただけますか。

答えられなかった場合は本編でもう一度復習しましょう。

1 **You can do** it.　　　パターン 31

2 **You may apply** if you are over 18 years of age.　　　パターン 32

3 **You should stop** smoking.　　　パターン 33

4 **You must check** it out again.　　　パターン 34

5 **You mustn't take** photos here.　　　パターン 35

6 **You'd better see** a doctor.　　　パターン 36

7 **You don't need to worry** about it.　　　パターン 37

8 **I had to wait** an hour for the bus.　　　パターン 38

9 **Let's go** to the movies tonight.　　　パターン 39

10 **May I have** your name?　　　パターン 40

11 塩を取ってもらえる？

12 お願いがあるのですが。

13 彼に折り返し電話をさせましょうか。

14 ひと休みしたらどう？

15 じゃあ、始めましょうか。

16 1つ質問させてください。

17 またお会いできて嬉しいです。

18 すべてがうまくいくといいね。

19 あいにく、彼女は今昼食に出ています。

20 紅茶がいいですか、それともコーヒーがいいですか。

復習テスト②

11 Will you pass me the salt? — パターン 41

12 Would you do me a favor? — パターン 42

13 Shall I have him call you back later? — パターン 43

14 Why don't you take a break? — パターン 44

15 Why don't we get started? — パターン 45

16 Let me ask you a question. — パターン 46

17 I'm glad to see you again. — パターン 47

18 I hope everything goes well. — パターン 48

19 I'm afraid she's out to lunch now. — パターン 49

20 Would you like tea or coffee? — パターン 50

21 それの使い方、わかりますか。

22 彼がいつ来るかわかりますか。

23 エミリーならきっといい奥さんになると思います。

24 私はそれを買うべきかどうかよくわかりません。

25 もし明日晴れだったら、ゴルフに行きましょう。

26 私は幼い頃、動物園に行くのが好きでした。

27 駅に着いたらすぐに電話してください。

28 ドナはとても愛想がいいので、みんな彼女のことが好きです。

29 彼女は一生懸命に頑張りましたが、1位を取れませんでした。

30 ご都合のよい時にいつでも電話してください。

復習テスト②

21 Do you know how to use it? `パターン 51`

22 Do you know when he will come here? `パターン 52`

23 I'm sure Emily will make a good wife. `パターン 53`

24 I'm not sure if I should buy it. `パターン 54`

25 If it's fine tomorrow, let's go golfing. `パターン 55`

26 When I was a little child, I liked to go to the zoo. `パターン 56`

27 Please call me as soon as you arrive at the station. `パターン 57`

28 Everybody likes Donna because she is nice and friendly. `パターン 58`

29 Although she worked very hard, she didn't win first prize. `パターン 59`

30 Please call me whenever it is convenient for you. `パターン 60`

31 その公園までは歩いてたったの5分です。

32 彼が1日でその仕事を終えることは不可能です。

33 切手収集は私の趣味の1つです。

34 それでおしまいです。

35 それってあまりにも高すぎませんか。

36 それは好きじゃないんですか。

37 彼とはもう約20年のつき合いです。

38 これまで海外へ行ったことがありますか。

39 ステーキの焼き加減はどうしますか。

40 今夜、外食するのはどう？

復習テスト②

31 It's only a 5-minute walk to the park. パターン 61

32 It's impossible for him to finish the work in a day. パターン 62

33 Collecting stamps is one of my hobbies. パターン 63

34 That's it. パターン 64

35 Isn't it way too expensive? パターン 65

36 Don't you like it? パターン 66

37 I've known him for almost twenty years. パターン 67

38 Have you ever been abroad? パターン 68

39 How would you like your steak? パターン 69

40 What about going out to eat tonight? パターン 70

41 彼はどうなったんだろう。

42 彼女はジャンクフードをあまり食べないようにしています。

43 この夏はアルバイトをしようと思っています。

44 来週歯医者に行くつもりです。

45 お会いするのを楽しみにしています。

46 彼がハワイに行くのはこれが2度目です。

47 先週彼と話をする機会がありました。

48 それでは不十分とおっしゃるのですか。

49 それは不公平ですよね。

50 ジェーンはみかけほど若くはありません。

復習テスト②

41 I wonder what has become of him.　　パターン71

42 She tries not to eat much junk food. 　　パターン72

43 I'm thinking about working part-time this summer. 　パターン73

44 I'm planning to see a dentist next week. 　　パターン74

45 I'm looking forward to seeing you. 　　パターン75

46 This is his second time to go to Hawaii. 　　パターン76

47 I had a chance to talk with him last week. 　　パターン77

48 Are you saying that's not enough? 　　パターン78

49 That's not fair, is it? 　　パターン79

50 Jane isn't as young as she looks. 　　パターン80

51 彼女はいつもよりも遅く家を出ました。

52 それは町で最も古い建物です。

53 なんて素晴らしい天気でしょう！

54 それはどうもご親切に！

復習テスト②

51 She left home later than usual. パターン 81

52 It's the oldest building in the town. パターン 82

53 What lovely weather! パターン 83

54 How kind of you! パターン 84

●著者紹介

ジョセフ・ルリアス　Joseph Ruelius

米国ニュージャージー州出身。クインピアック大学卒業（英文学専攻）。ニュージャージー大学卒業（英語教育専攻）。英国バーミンガム大学大学院英語教育研究科修士課程修了(M.A.)。現在、関西外国語大学国際言語学部准教授。
主要著書：『ネイティブ厳選必ず使える英会話 まる覚え』『ネイティブ厳選ゼッタイ伝わる英会話 まる覚え』（以上、Jリサーチ出版）、『新TOEIC®テスト文法問題は20秒で解ける！』（アスク出版）、『TOEFL® ITP TESTリスニング完全攻略』（語研）、『Welcome to USA TODAY』（開文社出版）。

宮野 智靖　Tomoyasu Miyano

広島県出身。ペンシルベニア州立大学大学院スピーチ・コミュニケーション学科修士課程修了(M.A.)。現在、関西外国語大学短期大学部教授。
主要著書：『すぐに使える英会話ミニフレーズ2500』『ゼロからスタート シャドーイング』、『TOEIC®TEST英文法・語彙ベーシックマスター』（以上、Jリサーチ出版）、『TOEIC®TEST究極単語Basic 2200』、『新TOEIC®TESTプレ受験600問』（以上、語研）、『TOEIC®TEST730点突破のための英単語と英熟語』（こう書房）。
主要資格：TOEIC990点、英検1級、通訳案内業国家資格。

カバーデザイン	滝デザイン事務所
本文デザイン&DTP	株式会社シナノパブリッシングプレス
イラストレーター	田中斉
CD編集	財団法人英語教育協議会(ELEC)
CD制作	高速録音株式会社

この84パターンで世界中どこでも通じる英会話〈基本カンタン編〉

平成24年（2012年）6月10日　初版第1刷発行
平成27年（2015年）7月10日　　第3刷発行

著　者	ジョセフ・ルリアス／宮野 智靖
発行人	福田 富与
発行所	有限会社　Jリサーチ出版
	〒166-0002　東京都杉並区高円寺北2-29-14-705
	電話 03(6808)8801（代）　FAX 03(5364)5310
	編集部 03(6808)8806
	http://www.jresearch.co.jp
印刷所	株式会社シナノパブリッシングプレス

ISBN978-4-86392-107-8　禁無断転載。なお、乱丁・落丁はお取り替えいたします。
© Joseph Ruelius, Tomoyasu Miyano　2012 All rights reserved.